AF359835

CATALOGUE de HAUT-COEUR et GAYET jeune,
Libraires, rue Dauphine, n° 20, à Paris.

Sur les prix nets de ce Catalogue, MM. les Libraires jouiront d'un crédit proportionné à l'importance de leurs demandes; mais s'ils préfèrent payer comptant, en papier sur Paris, ils obtiendront l'escompte de 10 pour 100.

Les billets pour le montant de nos envois devront nous être adressés aussitôt après leur réception, *faute de quoi nous ferons des traites pour nous en tenir lieu.*

Les reliures, les articles de commission, les caisses et emballages, se payent comptant.

Souscription.

ŒUVRES COMPLÈTES DE MARIVAUX, de l'Académie Française; contenant son Théâtre, ses Romans, ses Opuscules littéraires, etc. Nouvelle édition, revue par M. DUVIQUET, et augmentée d'une Vie inédite de *Marivaux*, de Jugemens littéraires sur chacun de ses ouvrages, de notes, etc. 12 volumes in-8. imprimés avec le plus grand soin sur papier superfin des Vosges, ornés d'un superbe Portrait de l'auteur et d'un Fac-simile de son écriture. Prix de chaque volume. 6 f. p. 7 f.
— Satiné   6 f. 50 c. p. 7 f. 50 c.
— Papier grand-raisin des Vosges satiné, Portrait avant la lettre   13 f. p. 15 f.
— Papier grand-raisin vélin satiné, Portrait avant la lettre sur papier de Chine. 20 f. p. 24 f.

Cet ouvrage parait par livraisons de deux volumes, de deux mois en deux mois; la première est en vente. Après la publication de la deuxième livraison, le prix de chaque volume sera de 8 fr. p. 9 fr.

Cette Édition d'un auteur qui forme à lui seul une classe à part, dont plusieurs comédies font encore les délices des amateurs du Théâtre-Français; qui, par son roman de *Marianne*, s'est placé dans un rang où il ne reconnaît que des rivaux; écrivain ingénieux et profond moraliste, et qui, malgré les reproches qu'un goût sévère peut quelquefois lui adresser, est resté inimitable dans un genre où il a eu un trop grand nombre d'imitateurs, devenait indispensable depuis que l'édition de 1781 était totalement épuisée; la réimpression de tant d'ouvrages célèbres de notre littérature nous a décidés à publier celle de Marivaux, et nous nous flattons que le nom du critique distingué qui, dans cette entreprise, veut bien nous prêter le secours de son talent, est une garantie du soin que nous mettons à rendre cette Édition supérieure aux précédentes.

SOUS PRESSE.

OSSIAN, barde du troisième siècle, poésies galliques en vers français, suivi des **VEILLÉES POÉTIQUES**, par *Baour-Lormian*, de l'Académie Française. Cinquième édition. 1 vol. in-8., imprimé par M. *Crapelet*, sur papier superfin des Vosges, et orné de deux superbes figures, gravées par *Déquevauvilliers*, sur les dessins de *Devéria*.
— LE MÊME OUVRAGE, grand papier vélin satiné, figures avant la lettre.
(Il n'en sera tiré que 50 exemplaires.)
Cet ouvrage est imprimé pour la première fois format in-8; il paraîtra en avril prochain.

LIVRES DE FONDS.

DICTIONNAIRE D'ÉDUCATION MORALE, DE SCIENCE ET DE LITTÉRATURE, ou Choix de pensées ingénieuses et sublimes, de dissertations et de définitions extraites des plus célèbres moralistes, orateurs, poètes et savans, pour servir de délassement aux études, former le cœur, orner l'esprit, et nourrir la mémoire des jeunes gens; par *Capelle*. Deuxième édition, revue et considérablement augmentée. 2 gros vol. in-8., très-bien imprimés, sur papier superfin.   11 f. p. 15 f.

La première édition de cet ouvrage parut en 1810, avec cette épigraphe:

Heureux qui peut mêler l'agréable à l'utile!

Jamais peut-être cette pensée n'avait mieux reçu son application. Le *Dictionnaire d'éducation morale*, que M. *Capelle* avait dédié à son fils, fut une preuve que le meilleur moyen d'inculquer aux jeunes gens les principes de la vertu, de leur inspirer le goût des lettres, et de leur donner les premiers élémens des sciences, c'est d'orner leur mémoire de pensées instructives et morales, de définitions, de préceptes exprimés avec élégance et concision.

La première édition de cet ouvrage, honorée d'une préférence particulière à l'époque de la distribution des prix des classes, est entièrement épuisée depuis nombre d'années.

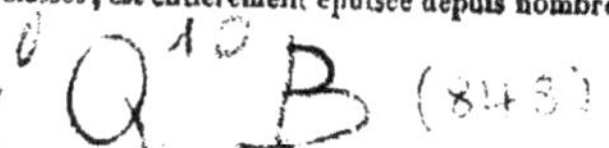

MANUEL THÉORIQUE D'ADMINISTRATION INTÉRIEURE DES COMPAGNIES D'INFAN-
TERIE ; suivi d'un Guide journalier à l'usage des Officiers et militaires de tous grades ; par le chevalier
Isnard de Sainte-Lorette, major d'infanterie. 1 vol. in-18. avec tableaux. *Paris*, 1825. 1 f. p. 1 f. 50 c.

ÉCLAIREUR (l'), ou Tableaux de Mœurs, par *Amédée de Bast*. 1 vol. in-12. avec une jolie figure.
Paris, 1824. 2 f. p. 3 f.
Le second volume formant la suite est sous presse, et paraîtra en avril prochain ; le prix est le même.
Cet ouvrage, dont tous les journaux ont rendu un compte favorable, peut faire suite aux Ermites de M. de Jouy.

ŒUVRES CHOISIES DE PIRON, précédées d'une Notice historique sur sa vie et sur ses ouvrages, et
accompagnées des jugemens de Voltaire, de Marmontel, de La Harpe et de M. Le Mercier. Belle édition,
imprimée par M. *Crapelet*; 2 vol. in-8., sur papier superfin satiné, ornés d'un beau portrait de l'auteur
et d'un *fac simile* de son écriture. 1823. 11 f. p. 14 f.

— LE MÊME OUVRAGE, grand raisin des Vosges, satiné, portrait avant la lettre. 24 f. p. 30 f.

— LE MÊME OUVRAGE, grand papier vélin satiné, portrait avant la lettre, dont il ne reste que peu
d'exemplaires. 36 f. p. 45 f.

Les OEuvres complètes de Piron manquent dans la plupart des bibliothèques, et ne conviennent pas à tous les âges ;
l'édition que nous annonçons ne laisse rien à désirer, tant sous le rapport de l'exécution typographique, que sous celui
du bon esprit qui a présidé au choix des pièces ; elle sera indubitablement recherchée par les hommes de goût et par la
jeunesse studieuse.

NOUVELLES LEÇONS FRANÇAISES DE LITTÉRATURE ET DE MORALE, contenant : 1°. Un
Traité élémentaire de Rhétorique et de Versification, suivi de l'Art poétique de Boileau ; 2°. Les plus
beaux Morceaux de la Langue, tant en prose qu'en vers, avec des notes ; 3°. Un choix de Maximes et
de Pensées extraites des meilleurs auteurs français, etc.; par l'auteur du supplément au Cours de Littérature de Laharpe et *A. H. Lemonnier*, avocat à la Cour royale de Paris : belle édition imprimée par
M. *Crapelet*, sur papier superfin. 2 vol. in-8. 1822. 9 f. p. 12 f.

— LE MÊME OUVRAGE, 2 gros vol. in-12. 5 f. p. 7 f.

Nous avons mis, dans les *Nouvelles Leçons françaises de Littérature et de Morale*, la plus grande sévérité et régularité
sous le rapport du plan et du choix : le premier volume, consacré aux prosateurs, est précédé d'un Abrégé de Rhétorique ;
le second, réservé à la poésie, renferme un Traité succinct de Versification française, suivi de l'Art poétique de Boileau,
avec les imitations d'Horace. Les deux volumes sont divisés chacun en dix sections, où les sujets se suivent dans leur ordre
naturel ; des notes nombreuses, placées au bas des pages, indiquent les passages imités des anciens. La Section X, d'un genre
entièrement neuf, contient un Recueil de Maximes et de Pensées, extraites de nos meilleurs ouvrages en prose et en vers
qui ont paru jusqu'en juillet 1822. Chaque volume est terminé par une Table raisonnée, avec de courtes Notices sur tous
les auteurs cités.
En voilà plus qu'il ne faut pour montrer que l'ouvrage que nous annonçons n'est pas *une imitation*, et qu'il présente
un véritable *Cours de Littérature comparée*, qui sera d'une extrême utilité pour les jeunes gens.

DICTIONNAIRE HISTORIQUE ET BIBLIOGRAPHIQUE, abrégé des personnages illustres, célèbres
ou fameux de tous les siècles et de tous les pays du monde, avec les dieux et les héros de la Mythologie ;
par *Peignot* et autres gens de lettres. 4 vol. in-8. à 2 colonnes. *Paris*, 1821. 20 f. p. 30 f.

— LE MÊME OUVRAGE, orné de 1200 portraits. 23 f. p. 35 f.

Cet ouvrage, entièrement neuf, contient le Précis historique de la Vie des Souverains de toutes les nations, des Chefs de
toutes les religions et de toutes les sectes ; Antiquaires, Architectes ; Auteurs ; Artistes en tous genres, grands Capitaines ;
Économistes ; Financiers ; Hommes d'État ; Jurisconsultes ; Législateurs ; Mathématiciens ; Mécaniciens ; Naturalistes ;
Orientalistes ; Commentateurs ; Traducteurs, Philosophes et Moralistes ; Poètes ; Politiques et Diplomates ; Prédicateurs,
Docteurs de l'Église, et autres Écrivains ecclésiastiques ; des Voyageurs ; enfin de tous ceux qui se sont fait remarquer par
leurs écrits, leurs inventions, leurs découvertes, leurs erreurs, leurs vices, leurs crimes, etc.

PARFAIT (le) CUISINIER, ou le Bréviaire des Gourmands ; contenant les recettes les plus nouvelles
dans l'art de la cuisine. Cinquième édition, augmentée du Cuisinier étranger et du Pâtissier royal, par
Raimbault; et revue par *Borel*. 1 vol. in-12. figures et planches. *Paris*, 1825. 2 f. p. 3 f.

TROIS MOTS (les), satires, suivies de Rustan, par *Baour-Lormian*, de l'Académie française. 1 vol. in-8.
Paris, 1821. 2 f. p. 3 f.

— LE MÊME OUVRAGE, pap. vélin. 4 f. p. 6 f.

AMI (l') DES ENFANS, par *Berquin*. Nouvelle et jolie édition. 12 volumes in-18. ornés de 12 figures.
Paris, 1825. 10 f. p. 15 f.

BEAUX (les) TRAITS DU JEUNE AGE, suivis de l'Histoire d'Angéla, et du Panthéon des Enfans
célèbres ; par *A. F. J. Fréville*, auteur de la Vie des Enfans célèbres, etc. Quatrième édition. 1 vol.
in-12. orné de 4 jolies gravures. *Paris*, 1824. 2 f. p. 3 f.

CABINET (le) DU JEUNE NATURALISTE, ou Tableaux intéressans de l'Histoire des Animaux,
offrant la description de la nature, des mœurs et habitudes des quadrupèdes, oiseaux, poissons, amphi-
bies, reptiles, etc., les plus remarquables du monde connu ; traduit de l'anglais de *Smith*. Troisième
édition. 6 vol. in-12. ornés de 65 belles gravures. *Paris*, 1821. 16 f. p. 24 f.

CARACTÈRES DE L'ENFANCE, mis en action dans une suite de contes moraux et instructifs, 2e édition.
4 vol. in-18. ornés de 64 jolies figures. *Paris*, 1824. 4 f. p. 6 f.

CHOIX DE LECTURES POUR LES ENFANS, ou Recueil de Contes, d'Anecdotes et de Traits de
vertu, choisis des meilleurs auteurs ; par *Berquin*. 2 vol. in-18. ornés de jolies figures, et titres gravés.
Paris, 1825. 2 f. p. 3 f.

— LE MÊME OUVRAGE, 2 vol. in-12. figures, et titres gravés. 3 f. p. 4 f. 50 c.

CHARLES ET EUGÉNIE, ou la Bénédiction paternelle; par madame *de Renneville*. Seconde édition. 2 vol. in-18. ornés de 8 figures. *Paris*, 1823.   2 f. p. 3 f.

CONTES (nouveaux) DES FÉES, par *Ducray Duménil*. Quatrième édition. 4 vol. in-18. ornés de 16 figures. *Paris*, 1822.   4 f. p. 6 f.
— LE MÊME OUVRAGE. 3 vol in-12. figures. *Paris*, 1822.   5 f. p. 7 f. 50 c.

CONTES ET NOUVELLES DE LA GRAND'MÈRE, ou le Séjour au château pendant la neige; par madame la comtesse d'*Hautpoul*. 2 vol. in-12. ornés de jolies figures. *Paris*, 1823.   5 f. 50 c. p. 8 f.

CONTEUR des petits Enfans (le), ou Choix de Contes et Historiettes morales et amusantes, tirées de Berquin, Campe, etc. 2 vol. in-18, figures.   2 f. p. 3 f.

CONVERSATIONS MATERNELLES, par madame Dufrénoy. 2 vol. in-18. figures.   2 f. p. 5 f.

CONVERSATIONS D'ÉMILIE, nouvelle et jolie édition. 4 vol. in-18. figures.   3 f. 50 c. p. 5 f.

CORRESPONDANCE DE PROSPER ET DE JULIETTE, pour faire suite aux Étrennes d'une Mère; par madame *de V****. Deuxième édition. 2 vol. in-18. figures. *Paris*, 1823.   2 f. p. 3 f.

COUTUMES GAULOISES, ou Origines curieuses et peu connues de la plupart de nos usages; par madame *de Renneville*, 2ᵉ édition. 1 vol. in-12. orné de 4 figures. *Paris*, 1825.   2 f. p. 3 f.

DIX (les) NOUVELLES, ou les Jeunes Personnes à leur entrée dans le monde, par *Ch. Choquet*, auteur des Caractères de l'Enfance, seconde édition. 2 vol. in-12. ornés de 12 jolies figures et titres gravés. *Paris*, 1824.   5 f. 50 c. p. 8 f.

ÉDUCATION PAR L'HISTOIRE, ou École des jeunes Gens, contenant des modèles de toutes les vertus de premier ordre, pris parmi les Français de différentes classes; extraits de *Rollin*, *Bossuet*, *Fénélon*, et autres auteurs célèbres. Seconde édit. 1 vol. in-12. figures. *Paris*, 1824.   2 f. p. 3 f.

ESPIÉGLERIES (les) DE L'ENFANCE, ou l'Indulgence maternelle, contes et historiettes propres à être donnés aux enfans de l'âge de six à huit ans; par madame *de Renneville*. Seconde édition. 1 vol. in-18. orné de 4 jolies figures. *Paris*, 1824.   1 f. p. 1 f. 50 c.

ÉTUDE (l') DU CŒUR, ou les Leçons paternelles, par M. de *Saint-Eugène*. 1 vol. in-12. orné de 4 jolies figures et titres gravés. *Paris*, 1825.   2 f. 50 c. p. 4 f.

FABLES DE FÉNÉLON. 1 vol. in-18. orné de jolies fig. et titre gravé. *Paris*.   1 f. p. 1 f. 50 c.

FABLES DE FLORIAN, nouv. édit. 1 vol. in-18. orné de 6 jolies gravures. *Paris*, 1825.   1 f. p. 1 f. 50 c.

FABLES DE LA FONTAINE, avec toutes les notes de *Coste*. 2 vol. in-18. ornés de 25 figures. *Paris*.   2 f. 50 c. p. 4 f.

FAGOTS (les) DE CROQUEMITAINE, par l'auteur de l'Histoire de Croquemitaine. Quatrième édition, augmentée. 1 vol. in-18. avec 4 gravures. *Paris*, 1824.   1 f. p. 1 f. 50 c.

FÉE (la) GRACIEUSE, ou la bonne Amie des Enfans; par madame *de Renneville*. Quatrième édition. 1 vol. in-18. orné de 4 figures. *Paris*, 1824.   1 f. p. 1 f. 50 c.

FÊTES (les) DES ENFANS, ou Recueil de petits Contes moraux, par *Ducray Duménil*. Septième édition. 3 vol. in-18. ornés de 12 figures. *Paris*, 1822.   3 f. p. 4 f. 50 c.
— LE MÊME OUVRAGE. 2 vol. in-12. figures. *Paris*, 1822.   3 f. 50 c p. 5 f.

HISTORIETTES ET CONVERSATIONS POUR LES ENFANS, par *Berquin*; jolie édition, 2 vol. in-18. orné de 28 figures. *Paris*, 1822.   2 f. p. 3 f.

ÎLE (l') DES FÉES, ou la bonne Perruche, contes moraux à l'usage de la jeunesse, par mademoiselle *Van hove*, 2 vol. in-18. ornés de 8 jolies figures. *Paris*, 1822.   2 f. p. 3 f.

JEUNES (les) Orphelins, ou les Contes d'une grand'-mère; par madame *de Courval*. 1 vol. in-18, orné de 4 jolies figures. *Paris*, 1824.   1 f. p. 1 f. 50 c.

JEUNES (les) PERSONNES, nouvelles, par madame *de Renneville*. Troisième édition. 2 vol. in-12, ornés de 10 jolies vignettes et titres gravés. *Paris*, 1824.   5 f. 50 c. p. 8 f.

JEUX DE L'ENFANCE, avec des Dialogues et Historiettes morales et amusantes; traduits de l'anglais, par *Bertin*. Troisième édition. 2 vol. in-18, ornés de 24 figures. *Paris*, 1820.   2 f. 50 c. p. 4 f.

JOSEPH, poëme, par *Bitaubé*; nouvelle et jolie édition. 1 vol. in-18. ornés de 6 jolies vignettes. *Paris*, 1823.   2 f. p. 3 f.

LEÇONS (les) DE LA SAGESSE, Contes d'une mère à ses filles; trad. de l'anglais de mistriss *Mathews*, par *Bertin*. Cinquième édition, revue et augmentée. 1 volume in-18. avec 4 jolies figures. *Paris*, 1825.   1 f. p. 1 f. 50 c.

LETTRES A LAURE sur l'Histoire et la Morale, par *Taillard*. 1 vol. in-12. orné de 4 jolies figures. *Paris*, 1822.   2 f. 50 c. p. 3 f. 50 c.

MORALE (la) DU JEUNE AGE, ou Choix de Fables, Contes et Histoires analogues à ses devoirs et à ses goûts; ouvrage dans lequel la distinction de ces trois genres se trouve établie et démontrée par des exemples. Quatrième édition. 2 vol. in-18. ornés de 48 jolies gravures. *Paris*, 1822.   2 f. 40 c. p. 3 f. 60 c.

MYTHOLOGIE (Nouvelle) DU JEUNE AGE, par madame *de Renneville*, seconde édition. 1 vol. in-12. orné de 37 figures. *Paris*, 1824.   2 f. p. 3 f.

PALMYRE, ou l'Éducation de l'expérience ; par madame *de Renneville*, seconde édition. 2 vol. in-12. avec 12 figures. *Paris*, 1824.   5 f. 50 c. p. 8 f.

PENSION (la) DE JEUNES DEMOISELLES, par mademoiselle *Vanhove*, seconde édition. 2 vol. in-18. ornés de 8 figures. *Paris*, 1824.   2 f. p. 3 f.

PETITE (la) MORALE EN ACTION, dédiée à la Jeunesse, par *Sanson*. 1 vol. in-4. oblong, orné de 15 figures, cartonné. *Paris*, 1823.   1 f. 50 c. p. 2 f. 25 c.;
— LE MÊME OUVRAGE, avec les figures coloriées, cartonné.   2 f. 25 c. p. 3 f. 50 c.,

PETIT PAUL, ou l'Éducation villageoise, par madame *Langlois*, auteur des Petits Marchands ambulans. 1 vol. in-18, avec grav.   1 f. p. 1 f. 50 c.

PETIT (le) SAVINIEN, ou Histoire d'un jeune Orphelin; par madame *de Renneville*. Troisième édition. 1 vol. in-18. orné de 4 jolies gravures. *Paris*, 1824.   1 f. p. 1 f. 50 c.

PETIT TÉLÉMAQUE, ou Précis des Aventures de Télémaque, fils d'Ulysse, d'après l'ouvrage de Fénélon. Dédié à l'enfance, et publié par un Instituteur. 1 vol. in-18, figures.   90 c. p. 1 f. 25 c.

POLICHINELLE INSTITUTEUR, sur le Théâtre duquel on voit figurer mademoiselle Fanferluche, Rustaud, Brise-Ménage, etc. ; par madame *de Renneville*. Troisième édition. 1 vol. in-18. orné de 4 jolies figures. *Paris*, 1824.   1 f. p. 1 f. 50 c.

PRÉCEPTEUR (le) DES ENFANS, ou Livre du second âge. Huitième édition, entièrement refondue par madame *de Renneville*. 1 vol. in-12. orné de 4 gravures. *Paris*, 1822.   1 f. 50 c. p. 2 f. 50 c.

RÉCRÉATIONS (les) D'EUGÉNIE, contes propres à former le cœur et à développer la raison des enfans par madame *de Renneville*. Quatrième édition. 1 volume in-18. orné de 4 jolies figures. *Paris*, 1824.   1 f. p. 1 f. 50 c

RETOUR (le) DES VENDANGES, contes moraux et instructifs à la portée des Enfans de différens âges; par madame *de Renneville*. Seconde édition, revue et corrigée. 4 vol. in-18. ornés de 16 jolies gravures. *Paris*, 1820.   4 f. p. 6 f.

TABLEAU DE L'ENFANCE, ou Petite Revue des défauts et des qualités des Enfans de l'âge de huit à dix ans; Anecdotes recueillies dans la société, par madame *de Renneville*. Troisième édition. 1 vol. in-18. orné de 5 jolies vignettes et titre gravé. *Paris*, 1824.   1 f. p. 1 f. 50 c.

TABLEAU DES EXERCICES ET DE L'ENSEIGNEMENT en usage dans un Pensionnat de jeunes demoiselles; par *Caillot*. 2 vol. in-12. ornés de 10 jolies fig. *Paris*, 1816.   5 f. p. 7 f. 50 c.

VIE DES ENFANS CÉLÈBRES, ou Modèle du Jeune âge; par *A. F. J. Fréville*. Sixième édition. 2 vol. in-12. ornés de jolies figures et titres gravés. *Paris*, 1824.   4 f. p. 6 f.

VIEUX CONTES pour l'amusement des grands et des petits Enfans. 1 vol. in-12. orné de 12 gravures. *Paris*, 1824.   2 f. 75 c. p. 4 f.
— LE MÊME OUVRAGE, figures coloriées.   5 f. 50 c. p. 5 f.

VOYAGES (les) DE GULLIVER, traduits de *Swift*, par l'abbé *Desfontaines*. Nouvelle et belle édition. 4 vol. in-18. ornés de 8 jolies figures. *Paris*, 1822.   4 f. p. 6 f.

ABRÉGÉ DE L'HISTOIRE DE FRANCE, par *Bossuet*. 1 gros vol. in-8. *Paris*, 1821.   5 f. p. 8 f.

ABRÉGÉ DES TROIS SIÈCLES DE LA LITTÉRATURE FRANÇAISE, ou Tableau de l'esprit et des productions de nos écrivains les plus célèbres, depuis François Ier jusqu'à nos jours, par l'abbé *Sabatier de Castres*; débarrassé des lenteurs, corrigé et publié par un ancien professeur au Collége de France. 1 gros vol. in-12. *Paris*, 1821.   2 f. p. 3 f.

ART (l') DU CUISINIER PARISIEN, contenant la cuisine proprement dite, la charcuterie, la grosse pâtisserie, la pâtisserie fine, l'office dans toutes ses branches, la cuisine des malades, etc. Les procédés les plus sûrs pour la conservation des substances alimentaires. Enfin, un recueil de recettes choisies sur toutes les branches de l'économie domestique; par *Albert*. Seconde édition. 1 gros vol. in-8. avec planches. *Paris*, 1823.   4 f. 50 c. p. 7 f. 50 c.

ATTILA, tragédie en cinq actes, par M. *Hippolyte Bis*. Deuxième édition, ornée du portrait de mademoiselle *Georges*. In-8. *Paris*, 1822.   2 f. 50 c. p. 3 f. 50 c.

AVENTURES DE TÉLÉMAQUE, par *François Salignac de La Mothe Fénélon*; précédées d'une Notice sur la vie de l'auteur, de Réflexions sur Télémaque, des principales variantes, etc.; édition ornée de 72 magnifiques figures gravées par *Tilliard*, d'après les dessins de *Monnet*. 2 vol. in-4. grand raisin, vélin superfin. *Paris*, 1810.   45 f. p. 60 f.
— LE MÊME OUVRAGE, figures premières épreuves, dont il ne reste que 4 exemplaires.   80 f. p. 120 f.

BIOGRAPHIE DES PAIRS ET DES DÉPUTÉS du Royaume de France qui ont siégés dans les dernières sessions. 2 vol. in-8. *Paris*, 1820.   6 f. p. 10 f.

CHOIX D'ÉLOGES couronnés par l'Académie Française, composé des éloges de Marc-Aurèle, d'Aguesseau, Dugay-Trouin et Descartes, par *Thomas*; de La Fontaine et Molière, par *Chamfort*; de Fénélon, Racine et Catinat, par *La Harpe*; de Suger, Fontenelle et Montausier, par *Garat*; et de Louis XII, par *Noël*; précédé de l'Essai sur les Éloges, par *Thomas*. 2 vol. in-8. *Paris*, 1812.   10 f. p. 15 f.

CHOIX MORAL DE LETTRES DE MADAME DE SÉVIGNÉ, avec un commentaire et une notice biographique sur cette femme célèbre. 3 vol. in-12., portrait, papier fin d'Annonay. *Paris*, 1824. 10 f. 50 c. p. 18 f.
— Le même, pap. vél. satiné. 13 f. 50 c. p. 18 f.
— LE MÊME OUVRAGE, 3 vol. in-18. grand raisin. 7 f. 50 c. p. 10 f. 50 f.
— Pap. vél. satiné. 13 f. 50 c. p. 18 f.
CHOIX MORAL DE LETTRES DE VOLTAIRE, précédé d'une notice littéraire. 4 vol. in-12. portrait, papier fin. *Paris*, 1824. 10 f. p. 14 f.
— Le même, pap. vél. satiné. 18 f. p. 24 f.
— LE MÊME OUVRAGE, 4 vol. in-18. grand raisin. 10 f. p. 14 f.
— Pap. vél. satiné. 18 f. p. 24 f.
COLONNE DE LA GRANDE ARMÉE D'AUSTERLITZ, ou DE LA VICTOIRE, monument triomphal érigé en bronze sur la place Vendôme de Paris. Description accompagnée de 38 planches représentant la vue générale, les médailles, piédestaux, détails de sculpture et charpente, bas-reliefs et statues, dont se compose ce monument, par *Ambroise Tardieu*. 1 vol. in-4. grand papier colombier d'Auvergne satiné. 27 f. p. 36 f.
CONTES MORAUX anciens et nouveaux, par *Marmontel*. Nouvelle édition, à laquelle on a ajouté les Promenades de Platon en Sicile, et le Petit Voyage, précédés de l'Eloge de Marmontel, par l'abbé *Morellet*. 6 vol. in-18. ornés de 6 figures. *Paris*, 1820. 6 f. p. 10 f.
CORBEILLE (la) DE FLEURS, contenant la Description botanique et usuelle des Fleurs les plus agréables ; un grand nombre de pièces en prose et en vers, etc. douze Romances avec leur musique. 1 gros volume in-8. orné de 24 planches, cartonné à la Bradel. 9 f. p. 12 f.
— LE MÊME OUVRAGE, figures coloriées avec le plus grand soin, cartonné à la Bradel. 18 f. p. 25 f.
CORRESPONDANCE historique et littéraire, par M. *Musset-Pathay*. 1 vol. in-8. *Paris*, 1819. 3 f. p. 5 f.
COURS ANALYTIQUE ET PRATIQUE de la Langue anglaise, par *Popleton* et *Boniface*. 3 vol. in-8. fig. *Paris*, 1820. 10 f. p. 16 f. 50 c.
COURS DE PHILOSOPHIE GÉNÉRALE, ou Explication universelle, par M. *Azaïs*. 8 vol. in-8., figure et portrait. *Paris*, 1824. 36 f. p. 48 f.
DICTIONNAIRE DE L'ACADÉMIE FRANÇAISE. Dernière édition. 2 vol. in-4. 1822. 28 f. p. 36 f.
DICTIONNAIRE BIBLIOGRAPHIQUE, ou Nouveau Manuel du Libraire et de l'Amateur de Livres, contenant l'indication et le prix de tous les livres, tant anciens que modernes ; les renseignemens nécessaires pour distinguer les éditions les plus recherchées ; les signes caractéristiques de leur authenticité : les prix auxquels les livres ont été portés dans les ventes les plus célèbres ; et enfin des Notes critiques, historiques et littéraires, à l'aide desquelles on peut se fixer soit sur l'importance bibliographique, soit sur le mérite de la plupart des ouvrages ; augmenté d'un nombre considérable d'articles échappés aux bibliographes précédens ; précédé d'un Essai élémentaire sur la Bibliographie, par M. Psaume. 2 forts vol. in-8. à deux colonnes, en petit-texte et mignonne, papier fin. *Paris*, 1824. 12 f. p. 16 f.
DICTIONNAIRE contenant les termes propres à l'exploitation des mines, à la minéralurgie et à la minéralogie ; avec les mots techniques des sciences et arts, en allemand et français, suivi d'une table des mots français, indicative des mots allemands qui y correspondent ; par *J. B. Beurard*. 1 gros vol. in-8. *Paris*, 1819. 5 f. p. 7 f.
DICTIONNAIRE (nouveau) GÉOGRAPHIQUE, ou Description de toutes les parties du monde, par *Vosgien*. Nouvelle édition, revue et corrigée, avec le plus grand soin, d'après les derniers traités de paix et les changemens politiques survenus jusqu'à ce jour ; publiée par *J. D. Coigoux* ; enrichie de sept cartes neuves, et de plusieurs planches représentant les pavillons des principales puissances maritimes, et les monnoies françaises et étrangères. 1 gros volume in-8. *Paris*, 1823. 5 f. 50 c. p. 9 f.
DICTIONNAIRE HISTORIQUE DE LA JEUNESSE, ou Notices sur les jeunes gens des deux sexes qui, avant l'âge de vingt ans, ont acquis quelque célébrité, depuis les temps les plus reculés jusqu'à nos jours ; par *Antoine*. 1 vol. in-8. avec douze portraits. *Paris*, 1822. 4 f. 50 c. p. 7 f. 50 c.
ÉCOLE (l') DES MŒURS, ou Réflexions morales et historiques sur les maximes de la sagesse ; par M. *Blanchard*, chanoine d'Avenay. Nouvelle et bonne édition, ornée de six figures gravées avec soin. 3 vol. in-12. *Paris*, 1824. 5 f. p. 9 f.
ÉLÉMENS DE L'HISTOIRE GÉNÉRALE, ancienne et moderne, par l'abbé *Millot*, de l'Académie Française ; continués jusqu'en 1816, par M. *Millon*, professeur de la Faculté des Lettres de l'Académie de Paris. Belle édition. 10 gros vol. in-12. *Paris*, 1820. 21 f. p. 30 f.
ÉLÉMENS DE LITTÉRATURE, par l'abbé *Batteux*. Nouvelle édition revue et augmentée. 2 vol. in-12. *Paris*, 1819. 2 f. 50 c. p. 4 f. 50 c.
ESQUISSES MORALES ET LITTÉRAIRES, ou Observations sur les mœurs, les usages et la littérature des Anglais et des Américains ; par *Washington Irving* ; traduites de l'anglais sur la quatrième édition, par *Delpleux* et *Villetard*. 2 vol. in-8. ornés de 6 fig. et vignettes. *Paris*, 1822. 8 f. p. 12 f.
ESSAIS HISTORIQUES sur les Modes et la Toilette française, par le chevalier de ***, jolie édition. 2 gros vol. in-18. ornée de 4 fig. *Paris*, 1824. 4 f. 50 c. p. 6 f.
FASTES (les) DE LA GLOIRE, ou les Braves recommandés à la postérité ; par une société d'hommes de lettres et de militaires, sous la direction de M. *Tissot*. 3 gros vol. in-8. *Paris*, 1820. 12 f. p. 18 f.

GRADUS AD PARNASSUM, ou Dictionnaire poétique, latin-français, revu et corrigé, par *F. Aynès*, troisième édition, augmentée de notes critiques, 1 gros vol. in-8. 1820.   5 f. p. 7 f.

GRAMMAIRE FRANÇAISE, nécessaire aux maisons d'éducation et aux personnes qui n'ont point fait d'études et qui veulent apprendre l'orthographe, par **M.** *Roy*, professeur de langue française, seconde édition. 1 gros vol. in-12. *Paris.*   1 f. 25 c. p. 2 f.

HISTOIRE CHRONOLOGIQUE des Peuples du Monde, depuis le déluge universel jusqu'à ce jour, par *Baillot Saint-Martin.* 4 vol. in-8. *Paris*, 1820.   17 f. p. 25 f.

HISTOIRE DE HENRI-LE-GRAND, roi de France et de Navarre, par *Péréfixe*, jolie édition. 1 vol. in-8. orné d'un beau portrait. *Paris*, 1823.   4 f. p. 6 f.
— Le même ouvrage, papier ordinaire.   2 f. p. 3 f.

HISTOIRE SAINTE à l'usage de la Jeunesse, depuis le commencement du monde jusqu'à la destruction de Jérusalem par Tite; par *Propiac*. 2e édition, 2 vol. in-12. fig. *Paris*, 1822.   4 f. p. 6.

HISTOIRE DE LA VIE ET DES OUVRAGES DE VOLTAIRE, suivie des jugemens qu'ont portés de cet homme célèbre divers auteurs estimés, par *L. Paillet-de-Warcy.* 2 vol. in-8. ornés de cinq portraits avec vignettes et deux *fac simile* de l'écriture de Voltaire. *Paris*, 1824.   10 f. p. 14 f.

INTRODUCTION A LA PHILOSOPHIE, ou Nouvelle Logique française, pour préparer les jeunes gens à subir l'examen de Bachelier ès-lettres; par *Ferréol Perrard*, bachelier en droit. Nouvelle édition, refondue et augmentée de près de moitié. 1 vol. in-8. *Paris*, 1822.   2 f. 50 c. p. 3 f. 50 c.

LETTRES A ÉMILIE SUR LA MYTHOLOGIE, par *Demoustier.* 2 vol. in-12. ornés de 2 figures. *Paris*, 1819.   3 f. p. 4 f. 50 c.

LETTRES A ÉMILIE SUR LA MYTHOLOGIE, par *Demoustier.* 6 vol. in-18. figures. *Paris*, 1820.   2 f. 20 c. p. 3 f. 60. c.

LETTRES A ÉMILIE SUR LA MYTHOLOGIE, par *Demoustier.* 6 vol. in-18. ornés de 32 figures. *Paris*, 1825.   4 f. 50 c. p. 8 f.

LETTRES SUR L'ITALIE, par *Dupaty*, belle édition. 1 vol. in-8. 1824.   3 f. 50 c. p. 5 f.

LYCÉE, ou Cours de Littérature ancienne et moderne, par *La Harpe.* Nouvelle édition. 18 vol. in-18. *Paris*, 1824.   25 f. p. 36 f.
— Le même ouvrage, 18 vol. in-12.   36 f. p. 54 f.

LYCÉE (le) DE LA JEUNESSE, ou les Études réparées, nouveau cours d'instruction à l'usage des jeunes gens de l'un et l'autre sexe, et particulièrement de ceux dont les études ont été interrompues ou négligées; quatrième édition, revue et augmentée par M. *Moustalon.* 2 vol. in-12. imprimés avec soin, et ornés du portrait de l'auteur. *Paris*, 1823.   5 f. p. 7 f.

MACÉDOINE, ou Poésies et Chansons érotiques, badines et grivoises de *F. P. A. Léger*, fondateur des Diners du Vaudeville et des Soupers de Momus. 1 vol. in-18. fig. *Paris*, 1819.   1 f. 25 c. p. 2 f.

MAISON (la) DES CHAMPS, ou Manuel général du Cultivateur, contenant, 1°. la grande et la petite Culture; 2°. l'Économie rurale et domestique; 3°. la Médecine vétérinaire, etc., c'est-à-dire toutes les connaissances nécessaires pour gouverner les biens de la campagne, et les faire valoir utilement; pour soutenir ses droits, conserver sa santé, et rendre la vie champêtre agréable; par *M. D. Pfluguer*, 4 gros vol. in-8. avec un grand nombre de figures. *Paris*, 1819.   27 f. p. 56 f.

MALHEURS (LES) D'UN AMANT HEUREUX, ou Mémoires d'un jeune aide-de-camp de Napoléon, par madame *Gay.* 3 vol. in-8. *Paris*, 1823.   10 f. p. 15 f.

MÉMOIRES POUR SERVIR A L'HISTOIRE DES ÉVÉNEMENS DU DIX-HUITIÈME SIÈCLE, depuis 1760 jusqu'en 1810; par M. l'abbé *Georgel*, publiés par M. *Georgel* neveu, avocat à la Cour de cassation. Deuxième édition. 6 vol. in-8. avec la grav. du fameux collier.   25 f. p. 36 f.
Ces Mémoires comprennent la période la plus curieuse et la plus riche de l'histoire des derniers temps.

MÉMOIRES DU CAPITAINE PERON, sur ses voyages, et plus particulièrement aux îles Sandwich, à l'île d'Amsterdam, à la Chine, aux côtes nord-ouest de l'Amérique, etc.; recueillis et publiés par B. T. 2 vol. in-8. ornés de 6 cartes et figures. *Paris*, 1824.   12 f. p. 14 f.

MORALE (la) DES POÈTES, ou Pensées extraites des plus célèbres Poètes latins et français, avec l'indication de celles que ceux-ci ont imitées des premiers; troisième édition, augmentée des Pensées de Delille et Ducis; par M. *Moustalon*, auteur du Lycée de la Jeunesse. 2 vol. in-12. ornés des portraits des plus célèbres poètes français et latins. *Paris*, 1823.   4 f. p. 6 f.

ŒUVRES COMPLÈTES DE BOILEAU DESPRÉAUX, avec les variantes, des notes historiques et critiques, un Discours sur le caractère et l'influence des Œuvres de Boileau, et la Vie de ce poète; par M. *Daunou.* 3 vol. in-8. imprimés sur beau papier. *Paris*, 1819.   11 f. p. 18 f.
— Le même ouvrage. 3 vol. in-12.   6 f. p. 10 f.

ŒUVRES POÉTIQUES DE BOILEAU, avec Notes de Lebrun. 1 vol. in-8. portrait. *Paris*, *Renouard*, 1814.   3 f. 50 c. p. 5 f.

ŒUVRES CHOISIES DE BOSSUET. Nouvelle édition. 5 gros vol. in-8. de plus de 1000 pages, ornés d'un superbe portrait de Bossuet. *Paris*, 1821.   30 f. p. 50 f.

ŒUVRES COMPLÈTES DE MADAME COTTIN, précédées d'une Notice sur sa vie et ses écrits, etc. Nouvelle édition. 12 vol. in-18. avec 12 gravures. *Paris*, 1821.   9 f. p. 15 f.

On vend séparément .
— Claire d'Albe, 1 vol. in-18. fig.   75 c. p. 1 f. 25 c.
— Malvina , 3 vol. in-18. fig.   2 f. 25 c. p. 3 f. 75 c.
— Amélie Mansfield , 3 vol. in-18. fig.   2 f. 25 c. p. 3 f. 75 c.
— Mathilde, ou Mémoires tirés de l'Histoire des Croisades, 4 vol. in-18. fig.   3 f. p. 5 f.
— Élisabeth , ou les Exilés de Sibérie, 1 vol. in-18. fig.   75 c. p. 1 f. 25 c.

ŒUVRES COMPLÈTES DE MADAME DE SOUZA, précédemment comtesse de Flahaut, nouvelle
édition, revue, corrigée, augmentée par l'auteur et imprimée sous ses yeux. 12 vol. in-12. papier fin ,
et ornés de belles gravures.   21 f. p. 30 f.

ŒUVRES DRAMATIQUES DE DESTOUCHES. Nouvelle édition, précédée d'une Notice sur la vie et
les ouvrages de cet auteur. 6 gros volumes in-8. imprimés par M. *Crapelet*, ornés du portrait de l'auteur,
et de 11 figures gravés par d'habiles artistes. *Paris*, 1820.   25 f. p. 36 f.

ŒUVRES COMPLÈTES DE FLORIAN , 16 vol. in - 18, sur très - beau papier, avec 31 gravures.
Paris, Renouard.   18 f. p. 24 f.
— Les mêmes. papier fin satiné, avec 80 nouvelles gravures d'après *Moreau* et *Desenne*.   36 f. p. 50 f.
On vend séparément chacun des ouvrages de cette édition, ainsi qu'il suit :

GALATÉE. — ESTELLE, 1 vol. in-18, fig. 1 f. 20 p. 1 f. 50 c. | MÉLANGES, 1 vol. in-18. fig.   1 f. 20 c. p. 1 f. 50 c.
— In-18, pap. fin. sat. avec 8 nouv. grav.   3 f. p. 4 f. | — In-18, pap. fin sat. avec 8 nouv. grav.   2 f. 25 c. p. 3 f.
— In-12, pap. fin, *idem.*   4 f. 50 c. p 6 f. | — In-12, pap. fin, *idem.*   3 f. p. 4 f.
NUMA, 1 vol. in-18, 2 fig.   1 f 20 c. p. 1 f. 50 c. | NOUV. MÉLANGES, 1 vol. in-18, fig.   1 f. 20 c. p. 1 f. 50 c.
— In-18, pap. fin sat. avec 8 nouv. grav.   3 f. p. 4 f | — In-18, pap. fin sat. avec 4 nouv. grav.   2 f. 25 c. p. p. 3 f.
GONZALVE, 2 vol in-8, 3 fig.   2 f. 25 c. p. 3 f. | MÉMOIRES D'UN JEUNE ESPAGNOL, 1 vol. in-18,
— In-18, pap. fin sat. avec 8 nouv. grav.   4 f. 50 c. p. 6 f. | 1 figure.   1 f. 20 p. 1 f. 50 c.
GUILLAUME TELL. — ÉLIÉZER, 1 vol. in - 18, 2 fi- | — In-18, pap fin sat. avec 4 nouv. grav.   2 f. 25 c. p. 3 f.
gures.   1 f. 20 c. p. 1 f. 50 c. | — In-12, pap. fin, *idem.*   3 f. p. 4 f.
— In-18, pap fin sat. avec 4 nouv. grav.   2 f. 25 c. p 3 f. | DON QUICHOTTE, 4 vol. in-18. 6 fig   1 f. 50 c. p. 6 f.
— In-12, pap. fin, *idem.*   3 f. p. 4 f. | — In-18, pap. fin sat. avec 16 nouv. grav.   9 f. p. 12 f.
NOUVELLES, 1 vol in 18, 2 fig.   1 f. 20 p. 1 f 50 c. | Des quatre ouvrages suivans , il a été tiré des exemplaires
— In-18, pap. fin, avec 8 nouv. grav.   3 f. p. 4 f. | sur un papier plus ordinaire , format in-18 :
FABLES, avec les Églogues de TOBIE et RUTH, 1 vol. in- | Galatée, 1 vol.   50 c. p. 60 c.
18, pap. fin sat avec 8 nouv. grav.   3 f. p. 4 f. | Estelle, 1 vol.   50 c. p. 60 c.
— In-12, pap. fin, *idem.*   4 f. 50 c. p. 6 f. | Guillaume Tell, 1 vol.   60 c. p. 80 c.
THÉATRE, 2 vol. in-18, 4 fig   2 f. 25 c. p. 3 f. | Éliézer et Nephthali, 1 vol.   60 c. p. 80 c.
— In-18. pap fin sat. avec 8 nouv. grav.   4 f. 50 c. p. 6 f. | Fables de Florian, avec Tobie et Ruth. 1 vol. in-18, sur
— in-12, pap. fin, *idem.*   6 f. p. 8 f. | très-beau pap., avec 117 grav. en relief.   2 f. 25 c. p. 3 f.

ŒUVRES INÉDITES DE FLORIAN, publiées par M. *Guilbert de Pixérécourt*, et imprimées sur
beau papier. *Paris*, 1824.
— 4 vol in-18.   3 f. 75 c. p. 5 f. | — 4 vol. in-12, pap. fin.   9 f. p. 12 f.
— 4 vol. in-18, pap. fin.   4 f. 50 c. p. 6 f. | — 4 vol. in-12, pap. vélin.   18 f. p. 24 f.

ŒUVRES DE GILBERT. Nouvelle et jolie édition, précédée d'une Notice sur sa vie, par M. *Charles
Nodier*. 1 vol. in-18 portrait *Paris*, 1820.   1 f. 25 c. p. 2 f.

ŒUVRES COMPLÈTES DE GRESSET, précédées d'une Notice biographique et des jugemens de nos
plus célèbres critiques. 4 vol. in-32, papier vélin, ornés du portrait de l'auteur, et de 6 figures d'après
les dessins de *Moreau. Paris*, 1824.   7 f. p. 9 f.
On a ajouté à cette édition le Parrain magnifique, ouvrage posthume de Gresset, et propriété de M. Renouard.

ŒUVRES COMPLÈTES DE LESAGE ET DE L'ABBÉ PRÉVOST; nouvelle et belle édition. 55 gros
vol. in-8. ornés de 112 figures.   200 f. p. 330 f.

ŒUVRES CHOISIES DE L'ABBÉ PRÉVOST, ornées du portrait de Prévost et de 78 figures, avec
couvertures imprimées. 39 vol. in-8.   136 f. p. 234 f.

ŒUVRES COMPLÈTES DE MOLIÈRE, avec les commentaires de M. Petitot. Belle édition. 6 vol. in-8.
ornés d'un portrait gravé par M. Dequevauvilliers, et de douze figures, gravées par d'habiles artistes.
Paris, 1821.   50 f. p. 42 f.

ŒUVRES COMPLÈTES DE MONTESQUIEU, nouvelle et jolie édition. 8 vol. in-12. ornés de 2 cartes
géographiques , et d'un portrait. *Paris*, 1821.   12 f. p. 20 f.
— Le même ouvrage. 8 vol. in-18. *Paris*, 1820.   9 f. p. 16 f.
On vend séparément :
— Grandeur des Romains , 1 vol. in-12.   1 f. 25 c. p. 2 f.
— Lettres persanes , 1 vol. in-12.   1 f. 25 c. p. 2 f.
— Esprit des Lois , 4 vol. in-12.   9 f. p. 16 f.
— Œuvres diverses, 2 vol. in-12.   5 f. p. 5 f.
— Esprit des Lois , 4 vol. in-18.   5 f. p. 8 f.
— Lettres persanes, 1 vol. in-18.   1 f. 25 c. p. 2 f.
— Grandeur des Romains , 1 vol. in-18.   1 f. p. 1 f. 50 c.
— Œuvres diverses, 2 vol. in-18.   2 f. 25 c. p. 3 f. 50 c.

ŒUVRES DE NAPOLÉON BONAPARTE. 5 forts vol. in-8. *Paris*, 1822.   18 f. p. 30 f.

ŒUVRES DE JEAN RACINE, avec les Variantes et les Imitations des auteurs grecs et latins; publiées
par M. *Petitot*. 5 vol. in-8. papier fin. *Paris*, 1820.   20 f. p. 30 f.

ŒUVRES CHOISIES DE J.-B. ROUSSEAU, avec notes de Lebrun. 1 vol. in-8. avec un très beau
portrait.   3 f. 50 c. p. 5 f.

ŒUVRES DE J. J. ROUSSEAU, y compris sa Correspondance avec madame La Tour de Franqueville et Dupeyrou; jolie édition. 24 vol. in-12. figures. *Paris*, 1824. — 5o f. p. 72 f.

On vend séparément :

— ÉMILE, 3 vol. in-12. figures. — 5 f. p. 7 f. 5o c.
— LA NOUVELLE HÉLOÏSE, 3 vol. in-12. — 5 f. p. 7 f. 5o c.
— LES CONFESSIONS, 3 vol. in-12. — 5 f. p. 7 f. 5o c.
— THÉATRE, 1 vol. in-12. — 1 f. 75 c. p. 2 f. 5o c.
— LETTRES DE LA MONTAGNE, 1 vol. in-12. — 1 f. 75 c. p. 2 f. 5o c.

PAMELA, ou la Vertu récompensée, traduit de l'anglais de *Richardson*. Très belle édition. 2 vol. in-8. *Paris*, 1821. — 8 f. p. 12 f.

PANIER (le) DE FRUITS, ou Descriptions botaniques et Notices historiques des principaux fruits, suivi de morceaux de littérature et de morale, en prose et en vers. 1 vol. in-8. orné de 24 planches; cartonné à la *Bradel*. — 9 f. p. 12 f.
— LE MÊME OUVRAGE, les planches coloriées avec soin, cartonné à la *Bradel*. — 18 f. p. 25 f.

PANORAMA DE L'ANGLETERRE, ou Ephémérides anglaises, politiques et littéraires, par *Charles Malo*. 2 vol. in-8. ornés de 4 figures. *Paris*, 1817. — 8 f. p. 12 f.

PASSE-TEMPS (les), Choix de Chansons et Poésies de M. *Charrin*, Convive des Soupers de Momus, troisième édition, revue et augmentée. 1 vol. in-18. grand-raisin, orné de 6 jolies figures et de musique. *Paris*, 1820. — 2 f. p. 3 f

PÉLERINAGE EN ITALIE. 2 vol. in-12, ornés de 2 jolies gravures. *Paris*, 1824. — 6 f. p. 7 f.

Cet ouvrage, écrit avec toute la variété et l'élégance qui distinguent les productions de M. Jouy, offre une foule d'observations neuves et piquantes sur l'Italie.

PORTRAITS DES DÉPUTÉS, ÉCRIVAINS ET PAIRS CONSTITUTIONNELS. — Cet ouvrage a paru en 58 livraisons, et contient 151 portraits, tirés sur beau papier vélin in-4. satiné. La collection, cartonnée à la Bradel, se vend — 120 f. p. 151 f.

PRÉCIS DE L'HISTOIRE D'ESPAGNE, depuis l'origine de cette puissance jusqu'à ce jour, par M. *de Boissi* et le comte *de Barins*. 1 gros vol. in-18. fig. *Paris*, 1824. — 2 f. p. 3 f.

PRÉCIS, ou Histoire abrégée des Guerres de la Révolution française, depuis 1792 jusqu'à 1815; par une Société de Militaires, sous la direction de M. *Tissot*. 2 vol. in-8. *Paris*, 1821. — 8 f. p. 12 f.

PRÉCIS DE L'HISTOIRE UNIVERSELLE, ou Tableau historique, représentant les vicissitudes des nations, leur décadence et leurs catastrophes, depuis le temps où elles ont commencé à être connues jusqu'au moment actuel; par *Anquetil*, de l'Institut et de la Légion d'honneur. Nouvelle édition. 12 vol. in-8. *Paris*, 1823. — 36 f. p. 5o f.
— LE MÊME OUVRAGE, 12 vol. in-12. — 25 f. p. 36 f.
— LE MÊME OUVRAGE, 12 vol. in-18. — 18 f. p. 25 f.

RECHERCHES POUR SERVIR A L'HISTOIRE DE L'EGYPTE, pendant la domination des Grecs et des Romains, tirées des inscriptions grecques et latines, relatives à la chronologie, à l'état des arts, aux usages civils et religieux de ce pays; par M. *Letronne*, membre de l'Institut (Académie royale des Inscriptions et Belles-Lettres) et de la Légion-d'Honneur, Inspecteur-général de l'Université, et des études dans les écoles royales militaires; un gros vol. in-8. avec planches. *Paris*, 1823. — 11 f. p. 15 f.

Cet ouvrage fait indispensablement suite au grand ouvrage de la commission d'Égypte, dont il éclaircit ou rectifie beaucoup de passages; il n'a été tiré qu'à 5oo exemplaires.

RÉPERTOIRE DES THÉATRES ÉTRANGERS, traduits en français par une Société d'Hommes de lettres, contenant Shakspeare, Schiller, Alfiéri, etc. etc. 29 vol. in-18. *Paris*, 1823. — 5o f. p. 72 f.

SOUPERS (les) de Momus, recueils de Chansons inédites pour 1820. Septième année de la collection. 1 vol. in-18. fig. et titres gravés. *Paris*. — 1 f. 25 p. 2 f.

SPECTATEUR (le) FRANÇAIS, ou Variétés politiques, morales et littéraires; faisant la suite du Spectateur français au dix-neuvième siècle. 3 vol. in-8. *Paris*, 1817. — 8 f. p. 12 f.

TABLEAU POLITIQUE ET LITTÉRAIRE DE LA FRANCE, en 1814 et 1815, extrait des meilleurs écrits. 3 vol. in-8. *Paris*, 1820. — 8 f p. 12 f.

TERENTII AFRI (Publii) *Comœdiæ VI*, *ad fidem optimarum editionum recensitæ*. 1 vol. in-4. grand raisin vélin. *Basiliæ*, 1787. — 12 f. p. 18 f.

TOM JONES, ou l'Enfant trouvé, traduit de l'anglais de *Fielding*, par *Laplace*. 4 vol. in-18. jolie édition ornée de 12 figures. *Paris*, 1823. — 6 f. p. 9 f.

TROIS RÈGNES DE L'HISTOIRE D'ANGLETERRE, précédés d'un précis sur la monarchie, depuis la conquête; et suivis d'un tableau abrégé de la constitution et de l'administration anglaise, par *Sauquaire-Souligné*. 2 vol. in-8. *Paris*, 1819. — 7 f. p. 10 f.

VIE DE BLANCHE DE CASTILLE, reine de France, mère de Saint-Louis; par la comtesse *de Macheco*. 1 vol. in-8. portrait. *Paris*, 1820. — 3 f. 5o c. p. 5 f.

VIE (la) d'Erostrate, découverte par Alexandre Verri, auteur des *Nuits romaines au tombeau des Scipions*; et publiée en français, par L. F. Lestrade, avec des notes historiques et critiques. 1 vol. in-12. *Paris*, 1818. — 1 f 5o c. p. 2 f. 5o c.

VIE DE ROSSINI , par M. Steindhal , 2 vol. in-8. ornés des portraits de Rossini et de Mozart. *Paris*, 1824. 7 f. p. 10 f.

VOYAGE du jeune Anacharsis en Grèce, par *J. Barthélemy*, belle édition. 7 vol. in-32. grand-raisin, orné de jolies figures. *Paris*, 1824. 12 f. p. 17 f. 50 c.

VOYAGE autour du Pont-Neuf, et Promenade sur le quai aux Fleurs, par Rossignol Passe-Partout. 1 vol. in-18 , orné de jolies figures. *Paris*, 1824. 1 f. 25 c. p. 2 f.

ABÉCÉDAIRE instructif et amusant, in-12. orné de 42 vignettes en taille-douce et d'une jolie figure. *Paris*, 1823. 70 c. p. 1 f.

ABÉCÉDAIRE moral et religieux. in-12. avec 31 gravures. *Lyon*, 1816. 65 c. p. 1 f.

ABÉCÉDAIRE Gymnastique , ou Description des Jeux de l'Enfance. in-12. avec 26 figures. *Lyon*, 1820. 65 c. p. 1 f.

ABRÉGÉ de l'Ami des Enfans, par *Berquin*. Nouvelle édition. 4 vol. in-18. ornés de 16 jolies figures. *Paris*, 1822. 2 f. 70 c. p. 4 f.

ABRÉGÉ du Cours de Littérature de Laharpe, ou Précis des jugemens de ce critique célèbre sur les écrivains anciens et modernes, et sur chacun de leurs ouvrages; par *René Perrin*. 2 vol. in-12. *Paris*, 1823. 5 f. p. 7 f.

ABRÉGÉ de Géographie extrait de celles de *Crozat*, *Lenglet Dufresnoy*, et *Nicole de Lacroix*. 1 vol. in-12. cartes, 1821. 1 f. 20 c. p. 1 f. 80 c.

ABRÉGÉ de l'Histoire ancienne à l'usage des élèves de l'Ecole militaire ; nouvelle édition. 1 vol. in-12. *Paris*, 1819. 1 f. 25 c. p. 2 f.

ABRÉGÉ de l'Histoire de France, à l'usage de l'Ecole militaire ; belle édition continuée jusqu'à ce jour, 2 vol. in-12. *Paris*, 1819. 2 f. 50 c. p. 4 f.

ABRÉGÉ de l'Histoire romaine, à l'usage des élèves de l'Ecole militaire ; nouvelle édition. 1 vol. in 12. *Paris*, 1819. 1 f. 25 c. p. 2 f.

ABRÉGÉ de toutes les Sciences, ou Encyclopédie des enfans. Nouvelle édition. 1 vol. in 12. orné de 116 sujets gravés. *Paris*, 1821. 1 f. p. 1 f. 50 c.

ABRÉGÉ de la Vie des plus illustres Philosophes de l'antiquité, par *Fénélon*; jolie édition. 1 vol. in-18. portraits. *Paris*, 1823. 1 f. 20 c. p. 1 f. 80 c.

ACCORD du livre de la Genèse avec la Géologie et les Monumens humains, etc. par M. *Gervais de la Prise* l'aîné. 1 vol. in-8. 3 f. p. 5 f.

AMOURS pastorales de Daphnis et Chloé, traduites du grec de *Longus*, par *J. Amyot*, avec le fragment trouvé à *Florence;* jolie édition. 1 vol. in-18. orné de 5 fig. 2 f. p. 3 f.

AMOURS (les) de Daphnis et Chloé, jolie édition. 1 vol. in-24. 1 f. p. 1 f. 50 c.

ANALYSE complète et impartiale du Moniteur; suivie d'une Table alphabétique des personnes et des choses. 7 vol. in 4. 40 f. p. 80 f.

ANALYSE du Jeu des Échecs, par *Philidor*. Nouvelle édition, à laquelle on a joint la figure et la marche des différentes pièces de ce jeu. 1 vol. in-12. fig. 1821. 2 f. p. 3 f.

ANECDOTES du dix-neuvième siècle, pour servir à l'Histoire des mœurs et de l'esprit du Siècle où nous vivons ; par *Collin de Plancy*. 2 vol. in-8. *Paris*, 1821. 7 f. p. 10 f.

ANIMAUX (les) parlans, poëme de *J. B. Casti;* trad. de l'ital. en vers français, par *L. Mareschal.* 2 vol. in-8. port. *Paris*, 1819. 10 f. p. 14 f.

ARCHIVES (les) du Scandale, recueil d'aventures galantes, escroqueries célèbres, procès scanda-

---

leux, enlèvemens, etc. 1 volume. in-8. *Paris*, 1819. 2 f. 50 c. p. 4 f.

ART (l') de briller en société, ou le Coryphée des salons, par *Cuisin*, seconde édition. 1 vol. in-18. fig. *Paris*, 1824. 1 f. 50 c. p. 2 f. 25 c.

ART (l') du Salpêtrier, par MM. *Bottée* et *Riffault*, 1 vol. in-4. fig. *Paris*, 1813. 5 f. p. 7 f.

ASTRONOMIE des dames, par *Jérôme de Lalande*. Sixième édition. 1 volume in-18. figure. *Paris*. 1820. 1 f. p. 1 f. 50 c.

ATLAS, pour le Voyage du jeune Anacharsis en Grèce. 1 vol. in-4. 5 f. p. 9 f.

AVENTURE (une) du chevalier de Grammont, comédie en trois actes et en vers, par Madame *Gay*, in-8. 1 f. 50 c. p. 2 f.

AVENTURES d'Euristée, fils de Pyttachus, ouvrage d'éducation, par M. *Sylvestre Duperron*, de l'Académie de Besançon. 1 gros vol. in-12. *Paris*, 1824. 2 f. p. 3 f.

AVENTURES surprenantes de Gulliver, ou les Voyages de Gulliver, réduits aux traits les plus intéressans. 2 vol. in-18. orné de 6 figures. *Paris*, 1823. 2 f. p. 3 f.

AVENTURES et Espiègleries de Lazarille de Tormes. 2 vol. in-18. ornés de 12 jolies figures. *Paris*. 1817. 2 f. p. 3 f.

AVENTURES de Robinson Crusoé, par *Daniel Défoé*. 4 vol. in-18. ornés de 8 fig. 3 f. p. 5 f.

AVENTURES (les) de Télémaque, par *Fénélon*; avec des Notes et un Discours sur la Poésie épique. 2 vol. in-12. ornés de 25 figures. 1822. 4 f. p. 6 f.

AVENTURES (les) de Télémaque, par *Fénélon*; avec un Discours sur la Poésie épique , et les Aventures d'Aristonoüs. 1 vol. in-12. orné de 25 figures. *Paris*, 1821. 2 f. 25 c. p. 3 f. 50 c.

BACHELIER (le) de Salamanque, par *Le Sage*, belle édition. 2 vol. in-32. grand raisin, avec de jolies figures. *Paris*, 1824. 2 f. 50 c. p. 4 f.

BEAUTES de l'Histoire d'Egypte, par *Nougaret*. 1 vol. in-12. figures. *Paris*, 1824. 2 f. 25 c. p. 3 f.

BEAUTÉS de l'Histoire du Pérou, ou Tableau des événemens qui se sont passés dans ce grand empire; son origine; la véritable époque de sa découverte et de son nom; sa religion, ses prêtres, ses incas; ses révolutions ; ses mœurs, ses usages; ses grands hommes; ses curiosités : par M. le chevalier *de Propiac*. 1 vol. in-12. orné de 4 gravures. *Paris*, 1824. 2 f. p. 3 f.

BEAUTÉS de l'Histoire sainte , ou Choix des traits les plus remarquables, et des passages les plus éloquens contenus dans l'Ancien et le Nouveau Testament; par *Propiac*. Seconde édition. 1 vol. in-12. orné de 16 jolies fig. *Paris*, 1823. 2 f. p. 3 f.

BÉLISAIRE , par *Marmontel*. 1 volume. in-12. fig. 2 f. 25 c. p. 3 f.

BÉLISAIRE , par *Marmontel*. 1 vol. in-18. figures. *Paris*, 1819. 1 f. p. 1 f. 50 c.

BIENFAISANCES (les) royales, ou Exemples d'humanité, de clémence, de générosité, de grandeur d'âme, d'amour pour le peuple et pour la patrie, donnés par des souverains de tous les siècles et de tous les pays, etc., publié par *César Gardeton*. 1 v. in-12. orné du portrait d'Henri IV et de 4 figures. *Paris*, 1825. 2 f. p. 3 f.

BIÉVRIANA ou Jeux de mots de M. de Bièvre. 1 vol. in-18. 1 f. p. 1 f. 50 c.

BIOGRAPHIE des Députés composant la représentation nationale pendant les années 1820, 1821 et 1822. 1 vol. in-8. 3 f. p. 5 f.

BIOGRAPHIE critique des orateurs les plus distingués et principaux membres du parlement d'Angleterre. 1 vol. in-8. *Paris*, 1820. 3 f. p. 5 f.

BIOGRAPHIE des Femmes illustres de Rome, de la Grèce et du Bas-Empire, par madame de *Renneville*. 2 vol. in-12. ornés de 6 jolies figures. *Paris*, 1825. 5 f. 50 c. p. 8 f.

BOUQUET du Sentiment, ou Recueil de complimens pour le jour de l'an, fêtes, etc. 1 vol. in-18. figures. 65 c. p. 1 f.

BUFFON (petit) des enfans, ou extrait d'Histoire naturelle sur les quadrupèdes, poissons, oiseaux, etc. 1 vol. in-18. fig. 1823. 1 f. p. 1 f. 50 c.

BUFFON (le Nouveau) de la Jeunesse, ou Précis élémentaire de l'Histoire naturelle, à l'usage des deux sexes. Nouvelle édition, ornée de 134 figures. 4 vol. in-18. 1821. 5 f. p. 8 f.

CABARETS (les) de Paris, ou l'Homme peint d'après nature, etc. 1 vol. in-18. avec 4 jolies grav. *Paris*, 1821. 1 f. p. 1 f. 50 c.

CAMPAGNE du prince Eugène en Italie pendant les années 1813 et 1814. 1 volume in-8. *Paris*, 1817. 2 f. p. 3 f.

CARACTERES (les) de Théophraste et de La Bruyère, avec les Notes de *Coste*. 2 vol. in-12. 1819. 3 f. p. 5 f.

CATASTROPHE (sur la) de l'ex-roi de Naples, J. Murat, extr. des Mémoires du général Colletta., par *Gallois*. In-8. *Paris*, 1823. 2 f. p. 2 f. 50 c.

CHEFS-D'ŒUVRE de *Dancourt*. 4 volumes in-12. *Paris*. 6 f. p. 10 f.

CHEFS-D'ŒUVRE d'Eloquence poétique; nouvelle édition. 1 gros vol. in-12. 2 f. p. 3 f.

CHEFS-D'ŒUVRE de Pierre et Thomas Corneille, avec les Commentaires de Voltaire. 5 volumes in-12. 10 f. p. 15 f.

CHEVALERIE (la) française, par madame *Amable Tastu*, née *Voïart*. 1 vol. in-18. papier vélin, avec 4 gravures. 2 f. 25 c. p. 3 f.

CHOIX des meilleurs Préceptes d'Eloquence et de Style, ou Code des Rhétoriciens, extrait des ouvrages de *Rollin*, *Fénélon*, *Daguesseau*, etc. 1 vol. in-12. *Paris*, 1820. 1 f. 75 c. p. 2 f. 50 c.

COLLECTION complète des Discours de M. de Fontanes, seconde édition; augmentée d'une lettre de M. de Châteaubriand, et de plusieurs discours qui n'ont pas été publiés, etc. 1 vol. in-8. *Paris*. 1821. 3 f. 50 c. p. 5 f.

COLLECTION épistolaire des Femmes célèbres du siècle de Louis XIV, suivie des Souvenirs de madame Caylus. 4 vol. in-12. *Paris*, 1823. 7 f. p. 10 f.

COLLECTION de Pièces importantes relatives à la révolution française, par les hommes qui en ont été les acteurs ou les victimes. Cette Collection se compose des ouvrages suivans qui se vendent séparément :

—CONSTITUTIONS (les) de la France, depuis celle de 1791, jusqu'à la Charte constitutionnelle, avec des commentaires et une introduction sur les événemens qui les ont amenées, par *Léon Thiessé*, 2 vol. in-18. 2 f. 50 c. p. 4 f.

— HISTOIRE de la Révolution française, depuis l'assemblée des notables jusques et compris la journée du 13 vendémiaire an IV, par M. *Necker*, nouvelle édition, avec de nombreuses additions de l'auteur. 4 vol. in-18. *Paris*, 1821. 5 f. p. 8 f.

— INSURRECTION (de l') parisienne du 14 juillet 1789, et de la prise de la Bastille, par *Dussaulx*. 1 vol. in-18. 1 f. 25 c. p. 2 f.

— MÉMOIRES sur la Bastille, par *Linguet*, suivis d'anecdotes sur ce château fort et sur les prisons d'état. 1 vol. in-18. 1 f. 25 c. p. 2 f.

— MÉMOIRES du marquis de Bouillé, lieutenant-général, membre des deux assemblées des notables, et général en chef de l'armée de Meuse, Sarre et Moselle; avec une notice sur sa vie, des notes, etc. 2 vol. in-18 *Paris*, 1822. 2 f. 50 c. p. 4 f.

— MÉMOIRES du général Dumouriez, écrits par lui-même, précédés d'une notice sur sa vie. 2 vol. in-18. 2 f. 50 c. p. 4 f.

— MÉMOIRES de Louvet, membre de la Convention, etc., auteur de la Journée du 31 mai, suivis de quelques notices pour l'histoire et le récit de ses périls, depuis cette époque jusqu'à la rentrée des députés proscrits dans l'assemblée nationale, 2 vol. in-18. *Paris*, 1821. 2 f. 50 c. p. 4 f.

— POÉSIES révolutionnaires et contre - révolutionnaires. 2 vol. in-18. 2 f. 50 c. p. 4 f.

— LE MÊME OUVRAGE, 2 vol. in-12. 4 f. p. 6 f.

— PRÉCIS de la révolution française, par *Rabaut Saint-Etienne*, nouvelle édition complèt. et augmentée de réflexions du même auteur. 1 vol. in-18. *Paris*, 1822. 1 f. 25 c. p. 2 f.

— TABLEAU de la révolution française, depuis son origine jusqu'en 1814, par M. de *Norvins*, seconde édition. 1 vol. in-18. 1 f. 25 c. p. 2 f.

COLLECTION des Poètes français. 50 vol. in-18. petit format casin, ornés de fig. 50 f. p. 92 f.

COMMENTAIRES sur Corneille, par *Voltaire*. 2 gros vol. in-12. *Paris*, 1819. 4 f. 50 c. p. 7 f.

COMTE (le) Julien, ou l'Expiation; tragédie en cinq actes, par M. *A. Guiraud*. 1 vol. in-8. *Paris*, 1823. 2 f. 50 c. p. 3 f. 50 c.

CONCORDAT entre Léon dix, souverain Pontife, et François premier, Roi de France; traduit pour la première fois du latin en français; 1 vol. in-12. Portrait. *Paris*, 1817. 1 f. 20 c. p. 2 f.

CONFESSIONS (les), par *J. J. Rousseau*. 4 gros vol. in-32. fig. *Paris*, 1823. 6 f. p. 10 f.

CONFISEUR (le) Royal, contenant la manière de faire les confitures, compotes, dragées; la composition des liqueurs, crêmes, ratafias et fruits à l'eau-de-vie, etc. Sixième édition. 1 vol. in-12. avec 3 pl. *Paris*, 1821. 2 f. p. 3 f.

CONJURATION des Espagnols, par *Saint-Réal*. 1 vol. in-18. fig. 75 c. p. 1 f. 25 c.

CONJURATION des Espagnols contre Venise, et Conjuration des Gracques, par *Saint-Réal*, 1 vol. in-32. fig. *Paris*, 1824. 1 f. 25 c. p. 2 f.

CONSIDÉRATIONS sur le Jeu, les Joueurs, la Théorie des jeux du hasard, les Calculs de probabilités, etc.; par *Lablée*. Nouvelle édition. 1 vol. in-12. fig. 1816. 1 f. 20 c. p. 2 f.

CONSTITUTION et Organisation des Carbonari, ou Documens exacts sur tout ce qui concerne l'existence, l'origine et le but de cette Société secrète, par M. *Saint-Edme*. Deuxième édition. 1 vol. in-8. fig. *Paris*, 1822. 2 f. 5o c. p. 4 f.

CONTES des Fées, par *Perrault*. 1 vol. in-18. avec 11 figures. 75 c. p. 1 f. 25 c.

CONTEUR (le) amusant et instructif de la Jeunesse, ouvrage historique et moral, à la portée des Enfans et des Adolescens des deux sexes; seconde édition, revue et augmentée. 2 vol. in-12, ornés de 12 jolies fig. 3 f. 5o c. p. 5 f.

CONTES (petits) à l'usage de la Jeunesse, trad. de l'anglais par madame d'Avot. 1 vol. in-12. 6 fig. *Paris*, 1823. 2 f. p. 3 f.

CONTES à ma Sœur, par *Chaalons D'argé*. 2 vol. in-12. *Paris*, 1822. 3 f. 5o c. p. 5 f.

CONTES moraux, par *Imbert*. 2 volumes in-12. *Paris*, 1806. 3 f. 5o c. p. 5 f.

CONTES (nouveaux) moraux, traduits de l'allemand d'*Auguste Lafontaine*; par *Propiac*. 2 vol. in-12. fig. 3 f. 25 c .p. 5 f.

CONTES moraux de Meissner, trad. de l'allemand. 2 vol. in-12. 2 f. 5o c. p. 4 f.

CONTRAT (du) social, ou Principe du droit politique, par *J. J. Rousseau*, jolie édition. 1 vol. in-12. 2 f. p. 3 f.

CONVERSATIONS sur plusieurs sujets de morale, propres à former les jeunes personnes à la piété, à l'usage des Demoiselles de Saint-Cyr, troisième édit. 1 vol. in 12. 1822. 1 f. 75 c. p. 2 f. 5o c.

CORNELII Taciti que exstant opera, juxta accuratissimam D. Lallemand *editionem*, jolie édit. 1 gros vol. in-12. 1820. 2 f. p. 3 f. 5o c.

CORNELIUS Nepos. 1 vol. in-12. petit papier, édition ordinaire. 6o c. p. 1 f.

CORRESPONDANCE authentique de la cour de Rome avec la France, depuis l'invasion de l'état romain jusqu'à l'enlèvement du souverain Pontife: suivie des Pièces officielles, etc. Nouvelle édition. 1 vol. in-8. portrait. 2 f. p. 3 f.

COMPLÉMENT de la Correspondance de la cour de Bonaparte, contenant les Allocutions de N. S. P. le Pape, prononcées dans les Consistoires secrets de 1818; suivie d'une Dissertation sur le droit du Pape; par *Alphonse Muzarelli*. Seconde édition. 1 vol. in-8. fig. 3 f. p. 5 f.

CORRESPONDANCE inédite et secrète de Benjamin Franklin, ministre des Etats-Unis près la cour de France, depuis l'année 1753 jusqu'en 1790, 2 vol. in-8. *Paris*, 1817. 8 f. p. 12 f.

CORRESPONDANCE générale de Voltaire. 11 gros vol. in-12. *Paris*, 1819. 22 f. p. 35 f.

COURS de littérature en exemples, ou Morceaux choisis des meilleurs écrivains, etc., par *Payolle*. Deuxième édition, augmentée. 2 vol. in-12. *Paris*, 1821. 3. f. 5o c. p. 6 f.

COURS de Littérature, composé des articles répandus dans les divers ouvrages de Voltaire, mis en ordre par *Savy-Laroque*. 1 vol. in-8. *Paris*, 1817. 3 f. 5o c. p. 6 f.

COURS de Rhétorique française, à l'usage des jeunes rhétoriciens, par l'abbé *Paul*. Nouvelle édition. 1 vol. in-12. 1820. 1 f. 5o c. p. 2 f. 5o c.

CUISINIÈRE (la) bourgeoise, suivie de l'Office. 1 vol. in-12. 1821. 1 f. p. 1 f. 5o c.

DAMIS ou l'Éducation du cœur, par *Hugues Millot*; deuxième édition. 1 vol. in-12. orné de figures, *Paris*, 1823. 2 f. p. 3 f.

DANGERS (les) des souvenirs; par *Delacroix*. 2 vol. in-8. 5 f. p. 8 f.

DELASSEMENT (le) des Dames, ou nouveau Traité des serins de Canaries, contenant la manière de les élever, etc.; deuxième édition. 1 vol. in-12. fig. *Paris*, 1823. 1 f. p. 1 f. 5o c.

DERNIERES Lettres de deux amans de Barcelone, traduites de l'espagnol et accompagnées d'une vue et d'un plan de Barcelone; seconde édition. 1 vol. in-8. *Paris*, 1822. 4 f. p. 6 f.

DEUX (les) Éducations, ou le Pouvoir de l'exemple; par madame *de Renneville*, deuxième édition, revue et corrigée. 1 vol. in-12. orné de 6 gravures. *Paris*, 1822. 1 f. 75 c. p. 2 f. 5o c.

DIABLE (le) Boiteux, suivi d'une Journée des Parques et des Béquilles du Diable Boiteux, par *Le Sage*. 2 vol. in-18. 1 f. 5o c. p. 2 f. 5o c.

DIABLE (le) boiteux, par *Le Sage*, belle édition. 2 vol. in-32, grand raisin, ornée de jolies figures. *Paris*, 1824. 2 f. 5o c. p. 4 f.

DIALOGUES sur l'Éloquence en général, et sur celle de la Chair en particulier, avec une lettre écrite à l'Académie française par *Fénélon*. 1 vol. in-12. *Paris*, 1822. 1 f. 5o c. p. 2 f. 5o c.

— LE MÊME OUVRAGE, suivi de la traduction de l'Odyssée d'*Homère*. 1 fort volume in-12. *Paris*, 1822. 2 f. p. 3 f.

DIALOGUES des Morts anciens et modernes, suivis des Contes et Fables, par *Fénélon*; belle édition. 1 vol. in-12. *Paris*, 1822. 2 f. p. 3 f.

DIALOGUES des Morts, par *Fénélon*. 1 vol. in-12. *Paris*, 1820. 1 f. 75 c. p. 2 f. 5o c.

DIATRIBE contre l'Art oratoire, suivi de mélanges philosophiques et littéraires, par *Felix Bodin*. 1 vol. in 18. *Paris*, 1824. 1 f. 20 c. p. 1 f. 5o c.

DICTIONNAIRE d'agriculture et d'économie rurale, par M. l'abbé *Rozier*. 2 vol. in-4. 12 f. p. 18 f.

DICTIONNAIRE des gens du monde; troisième édit. 1 v. in-12. *Paris*, 1821. 2 f. 5o c. p. 5 f. 5o c.

DICTIONNAIRE historique d'éducation, par *Filassier*, rendu portatif en le réduisant aux articles les plus intéressans, etc. 1 vol. in-18. fig. papier grand raisin. *Paris*, 1825. 1 f. 75 c. p. 2 f. 5o c.

DICTIONNAIRE de la Fable, par *Chompré*. 1 vol. in-18. 1 f. 20 c. p. 2 f.

DICTIONNAIRE de la langue française, Abrégé du Dictionnaire de l'Académie, par *Philippon de la Madelaine*. Quatrième édition, revue, corrigée et augmentée, par *Boiste*. 1 fort vol. in-8. *Paris*, 1823. 6 f. p. 9 f.

DICTIONNAIRE de la langue française, extrait du grand Dictionnaire de *Richelet*; corrigé par deux grammairiens. 2 gros vol. in-8. 8 f. p. 12 f.

DICTIONNAIRE (nouveau) universel de la Langue française, avec la prononciation à côté de chaque mot, rédigé d'après le Dictionnaire de l'Académie; par *Rolland*. 3 vol. in-8. 12 f. p. 21 f.

DICTIONNAIRE abrégé des Mythologies de tous les peuples, tant anciens que modernes, augmenté d'un nombre considérable d'articles qui ne se trouvent dans aucun autre abrégé de mythologie. 2 vol. in-18 grand raisin. 3 f. p. 6 f.

DICTIONNAIRE de Religion, ou Leçons de Littérature sacrée, par *Masson* fils aîné. 1 vol. in-12. *Paris*, 1822. 2 f. p. 3 f.

DICTIONNAIRE critique des Reliques et des Images miraculeuses, par *Collin de Plancy*. 3 vol. in-8. *Paris*, 1821. 13 f. 5o c. p. 18 f.

DICTIONNAIRE universel des Synonymes de la

langue française, par *Girard, Beauzée, Roubaud, d'Alembert*, etc. 2 gros vol. in-12.   4 f. p. 6 f.

DISCOURS sur l'Histoire universelle, avec la continuation, par *Bossuet*.   6 vol. in-18. 5 f. p. 8 f.

DISSERTATION sur soixante traductions françaises de l'Imitation de J. C., et sur vingt-quatre éditions de l'Eternel Consolation, contenant des anecdotes et jugemens sur ces traductions ou éditions, avec des notices sur quelques traducteurs ou éditeurs, etc., par M. *Barbier*. 1 vol. in-12. Beau papier. *Paris*, 1812.   1 f. 75 c. p. 3 f.

ÉCHO des Salons de Paris, ou Recueil d'Anecdotes sur Napoléon, sa cour et ses agens. 3 vol. in-12. *Paris*, 1815.   4 f. 50 c. p. 7 f. 50 c.

ÉCOLE des Arts et Métiers, mise à la portée de la jeunesse, traduit de l'anglais par *Bertin*. 2 vol. in-18. ornés de 25 figures.   2 f. 50 c. p. 4 f.

ÉCOLE des Jeunes Demoiselles (l'), par l'abbé *Reyre*. 2 vol. in-12, papier fin, ornés de huit figures et titres gravés. *Paris*, 1825.   5 f. p. 7 f.

ÉCOLE du Soldat et de Peloton. 1 vol in-32. 65 c. p. 1 f.

ÉCOLE du Bataillon. 1 vol. in-32. pl.   65 c. p. 1 f.

ÉCOLE (nouvelle) des Jardins potagers, fruitiers et fleuristes; suivie d'un Traité des pépinières, un de toutes sortes de greffes, un de la taille des arbres, etc.; par *Saussay*. 1 vol. in-12. planches. *Paris*, 1821.   1 f. 40 c. p. 2 f.

ÉCOLIER (l') de Brienne, Mémoires sur Napoléon, publiés par le baron de B***. 3 vol. in-12. et *fac simile*. 1818.   4 f. 50 c. p. 7 f. 50 c.

EDUCATION complète, ou Abrégé de l'Histoire universelle, par madame Le Prince Beaumont. 4 vol. in-12. *Paris*, 1825.   4 f. p. 6 f.

ÉDUCATION des Filles, par *Fénélon*. 1 vol. in-18. portrait. *Paris*, 1811.   1 f. p. 1 f 50 c.

ÉLÉGIES (les) ou les Tristes d'Ovide, latin et français. 1 vol. in-8. petit papier.   1 f. 25 c. p. 2 f.

ÉLÉMENS de Cosmographie, ou Introduction à la Géographie universelle; traduit de l'anglais de *Tourner*, sur la neuvième édition; par *Donnant*. 1 vol. in-12. orné de 7 belles cartes et d'une nouvelle montre géographique.   1 f. 75 c. p. 3 f.

ÉLÉMENS de l'Histoire de France, depuis Clovis jusqu'à Louis XV; par M. l'abbé *Millot*. Nouvelle édition continuée jusqu'en 1822. 4 volumes in-12. figures. *Paris*, 1823.   8 f. p. 12 f.

— La même Édition, avec 10 jolies grav. 10 f. p. 15 f.

ÉLÉMENS de la Langue anglaise, par *Siret*; avec des dialogues et des modèles de lettres en anglais et en français. Édition revue et corrigée par *Poppleton*. 1 vol. in-12. *Paris*, 1820.   1 f. 25 c. p. 2 f.

ÉLÉMENS de Littérature, par Marmontel; nouvelle édition, augmentée des Essais sur le goût et les romans, et de considérations sur la littérature romantique; par M. *Regnault-Warin*. 8 vol. in-18. *Paris*, 1822.   14 f. p. 20 f.

ÉLÉMENS de Mythologie, par *Basseville*. Nouvelle édition. 1 vol. in-12. avec beaucoup de figures, 1817.   2 f. 25 c. p. 3 f. 50 c.

ÉLÉMENS de Mythologie, à l'usage des jeunes gens des deux sexes, par *A. L. Delaroche*. 2 vol. in-12. ornés de 36 figures.   4 f. p. 6 f.

ELOA, ou la Sœur des Anges, mystère par le comte *Alfred de Vagny*, auteur du Trapiste. 1 vol. in-8. *Paris*, 1824.   2 f. 25 c. p. 3 f.

— Le même ouvrage, pap. vélin. 4 f. 50 c. p. 6 f.

EMBLÈMES des Fleurs, ou Parterre de Flore, contenant le langage des fleurs, leur histoire et origine mythologique, ainsi que les plus jolis vers qu'elles ont inspirés à nos meilleurs poètes, etc. seconde édit. 1 vol. in-18. 1824.   50 c. p. 75 c.

EMILE, ou de l'Education, par J. J. Rousseau. 4 vol. in-32. figures. *Paris*, 1824.   6 f. p. 10 f.

ENCYCLOPÉDIE de la Jeunesse, ou Abrégé des Sciences et des Arts, par madame *Tardieu-Denesle*, sixième édition, revue et augmentée. 1 vol. in-12. orné de 6 grav., de deux cartes géographiques et d'un titre gravé. *Paris*, 1825.   3 f. p. 4 f.

ENFANS voyageurs (les), ou les Petits Botanistes, par madame *Guénard*; revus pour la partie botanique, par M. *Desfontaine*, professeur de botanique au Jardin royal des Plantes. 4 vol. in-18. avec près de 200 vignettes.   5 f. 50 c. p. 8 f.

ENTRETIENS de Cicéron sur la nature des dieux, trad. par *d'Olivet*. 2 vol. in-12.   3 f. 25 c. p. 5 f.

EPITOME Historiæ sacræ, de Lhomond, latin et français. Nouvelle édition, augmentée de notes, par *Brughat*. 1 vol. in-18.   60 c. p. 1 f.

ÉPONINE et Sabinus, par *Leclerc*, correspondant de l'Institut. 1 vol. in-8. 1817.   3 f. p. 6 f.

ÉPOQUES remarquables de l'Histoire ancienne, par *Masson* fils aîné. 1 volume in-12. figures. *Paris*, 1822.   2 f. p. 3 f.

ÉPOQUES du Bas-Empire, par le même. 1 vol. in-12. figures. *Paris*, 1822.   2 f. p. 3 f.

ÉPOQUES de l'Histoire de France, par le même. 2 vol. in-12. fig. *Paris*, 1823.   4 f. p. 6 f.

ÉPOQUES de l'Histoire romaine, par le même. 1 vol. in-12. fig. *Paris*, 1822.   2 f. p. 3 f.

ÉRASTE, ou l'Ami de la Jeunesse, par l'abbé *Filassier*; nouvelle et jolie édition, revue, corrigée et considérablement augmentée. 2 vol. in-8. ornés de 16 planches, représentant 172 sujets, et de 2 belles cartes. *Paris*, 1823.   10 f. p. 12 f.

ESPRIT de l'Almanach des Muses, depuis sa création. 2 vol. in-18. Gr. Pap. titres gravés et color. *Paris*.   5 f. p. 7 f.

ESPRIT (l') de l'Église, ou Histoire ecclésiastique, depuis les Apôtres jusqu'à nos jours, avec des considérations philosophiques et politiques sur l'Histoire des *Conciles et des Papes*; par *de Potter*. 8 vol. in-8. *Paris*, 1821.   40 f. p. 48 f.

ESPRIT (l') de la Ligue, ou Histoire politique des troubles de France pendant les 16e et 17e siècles, par *Anquetil*, 4 vol. in-18. *Paris*, 1824. 7 f. p. 10 f.

ESPRIT (de l') des Lois, par *Montesquieu*; avec les réponses de l'auteur, ses notes, les observations d'Helvétius, Voltaire et Condorcet, et les objections des autres critiques. 2 gros vol. in-12. 1824.   5 f. p. 7 f.

ESPRIT de J. J. Rousseau, ou Choix d'Observations, de Maximes et de Principes sur la Morale, la Politique et la Littérature, avec des notes; par *Sabatier de Castres*. 3 vol. in-8.   7 f. p 12 f.

ESSAI sur les Eloges, par *Thomas*; nouvelle édit. 2 vol. in-12. 1820.   3 f. 50 c. p. 5 f.

ESSAI sur les Garanties individuelles que réclame l'état actuel de la société; par *Daunou*. 1 vol. in-8. *Paris*, 1822.   2 f. 50 c. p. 4 f.

ESSAIS sur l'Histoire naturelle des quadrupèdes du Paraguay, formant la suite nécessaire aux Œuvres de Buffon; traduits de l'espagnol de don *Félix d'Azara*, par M. *Moreau Saint-Méry*. 2 vol. in-8. *Paris*, 1801.   6 f. p. 10 f.

ESSAIS sur l'Histoire de la Révolution française, pa

une société d'auteurs latins ; nouvelle édition. In-8.
1803. 75 c. p. 1 f. 50 c.

ESSAI de Jérémie Bentham sur la situation politique
de l'Espagne, etc. 1 vol. in-8. *Paris*, 1823. 4 f. p. 6 f.

ESSAI sur la vraie Religion, par *Lecordier*. 1 vol.
in-8. fig. Gr. Pap. Vél. 1803. 5 f. p. 9 f.

ESSAIS de Montaigne, avec ses Lettres, et le Discours de *La Boetie* sur la Servitude volontaire, ou
le Contre un ; édition enrichie des Notes de *Coste*.
16 vol. in-18. *Paris*, 1801. 12 f. p. 20 f.

ÉTRENNES à mon Fils, ou simples Contes à l'usage
de la jeunesse, traduits de l'anglais, de miss *Opie*,
par madame *Elisabeth de Bon*. Deuxième édition.
2 vol. in-12. figures. 4 f. p. 6 f.

ÉTUDE de l'Histoire ancienne et celle de la Grèce,
de la Constitution de la république d'Athènes et
de celle de Lacédémone, de la législation, des
tribunaux, des mœurs et usages des Athéniens, de
la poésie, de la philosophie et des arts chez les
Grecs ; par *Pierre-Charles Lévesque*. 5 vol. in-8.
Paris, 1811. 18 f. p. 27 f.

ÉTUDES (petites) de la nature, ou Entretiens ré-
créatifs d'une mère avec ses filles, sur l'Histoire
naturelle des animaux et des plantes; les phéno-
mènes astronomiques et les progrès des arts, etc.
1 vol. in-18. orné de 4 jolies figures et titre gravé.
Paris,, 1822. 1 f. 10 c. p. 1 f. 50 c.

EXPLICATION abrégée des coutumes et cérémonies observées chez les Romains, pour faciliter
l'intelligence des auteurs anciens; nouvelle édit.
1 vol. in-12. 1815. 2 f. p. 3 f.

FABLES complètes d'Ésope, représentées en 145 gravures. 2 parties en 1 vol. in-4. papier vélin, cartonné à la *Bradel*. 10 f. p. 15 f.

FABLES choisies d'Esope, avec le sens moral en
quatre vers, et les quatrains de *Benserade* ; édit.
ornée de 53 gravures. 1 vol. in-8. oblong, cartonné.
Paris, 1818. 5 f. p. 8 f.

FABLES de Florian. 1 vol. in-12. orné de 110 vignettes et portrait. *Paris*, 1824. 2 f. 25 c. p. 3 f. 50 c.

FABLES, par *Gosse*, auteur du Médisant et des Proverbes dramatiques. Jolie édition. 1 vol. in-12. fig.
Paris, 1821. 1 f. 50 c. p. 3 f.

FABLES nouvelles, par *Jauffret*. 2 vol. in-12. ornés
de 6 jolies fig. *Paris*, 1815. 4 f. p. 6 f.

FABLES mises en vers, par de *La Fontaine*. 2 vol.
in-8. pap. vél. portrait. 7 f. p. 10 f.

FABLES choisies, mises en vers par de *La Fontaine*,
nouvelle édition ornée de 54 gravures en taille-
douce. 1 vol. in-8. oblong, cartonné et couverture
imprimée. *Paris*, 1824. 6 f. p. 9 f.

FABLES de La Fontaine. 1 vol. in-12. orné de 12
figures. *Paris*, 1822. 2 f. 25 c. p. 3 f. 50 c.

FABLES de La Fontaine, belle édition, imprimée
avec soin sur papier grand raisin. 2 vol. in-18. ornés
de deux jolies vignettes et titres gravés. *Paris*,
1821. 3 f. 50 c. p. 6 f.

FABLES de Lamotte, à l'usage de la jeunesse. 1 vol.
in-18. 65 c. p. 1 f.

FABLES complètes de Phèdre, trad. en vers français,
avec le texte en regard et des Notes. Édition augmentée de trente-deux nouvelles Fables, publiées
d'après le manuscrit *Perrotti*. 1 vol. in-8. belle
édition. *Paris*, 1813. 3 f. p. 6 f.

FARCES (les) nocturnes des Contrebandiers et des
Fraudeurs. 1 vol. in-18. fig. 1 f. p. 1 f. 50 c.

FEMMES (les), leur condition et leur influence dans
l'ordre social chez les différents peuples ; par M. *de
Ségur*. Nouvelle édition. 4 vol. in-18. fig. *Paris*,
1825. 4 f. 50 c. p. 7 f.

FETES et Courtisannes de la Grèce, servant de
Supplément aux Voyages d'Anacharsis et d'An-
tenor. Quatrième édition. 4 vol. in-8. fig. *Paris*,
1821. 18 f. p. 24 f.

FILLE (la) de Louis XVI, ou Précis des Événemens
remarquables qui ont eu quelque influence sur la
destinée de la fille des rois, par madame *de Renneville*. 1 vol. in-12. 1 f. 75 c. p. 2 f. 50 c.

FRANCE (la) sous ses Rois, ou Essai historique sur
les causes qui ont préparé et consommé la chute des
trois premières dynasties ; par *A. H. Dumpmartin*.
5 vol. in-8. fig. 18 f. p. 30 f.

GALERIE et Dictionnaire raisonné de Littérature,
de Législation et de Morale, par *G. J. Grouard*.
2e édit. 3 vol. in-8. *Paris*, 1819. 8 f. p. 12 f.

GARDE à vous, ou les Fripons et leurs dupes,
Aventures plaisantes des Filous les plus renommés
de la capitale. 1 vol. in-18. 1 f. p. 1 f. 50 c.

GRAMMAIRE française démonstrative, par *J. N.
Blondin*. Huitième édition, entièrement refondue.
1 vol. in-8. *Paris*, 1822. 1 f. 50 c. p. 2 f.

GRAMMAIRE latine démonstrative, comparée par
analogie avec le français; par le même. Seconde
édition. 1 vol. in-8. *Paris*, 1822. 2 f. 25 c. p. 3 f.

GRÉTRY en famille, ou Anecdotes littéraires et
musicales sur ce célèbre compositeur ; par *Grétry*
neveu. 1 vol. in-12. portrait. 1814. 1 f. 25 c. p 2 f.

GUIDE (le) des Navigateurs dans l'Océan atlantique,
ou Tableau des bancs, rescifs, et autres écueils qui
s'y trouvent, etc., etc. ; traduit de l'anglais d'Edmond Blunt, géographe américain. 1 vol. in-8.
Paris, 1822. 2 f. 50 c. p. 4 f.

HISTOIRE du chevalier Bayard, par *Guyard de
Berville*. Jolie édition. 1 volume in-12. portrait.
1816. 1 f. 50 c. p. 2 f. 50 c.

HISTOIRE de Charles XII, par *Voltaire*. 1 volume
in-12. 1 f. 50 c. p. 2 f. 50 c.

HISTOIRE des Chevaux célèbres, contenant un
Recueil d'anecdotes relatives à ce noble animal.
Seconde édition. 1 volume in-12. figures. *Paris*,
1821. 2 f. p. 3 f.

HISTOIRE de Bertrand Duguesclin, par *Guyard
de Berville*. Nouvelle et jolie édition. 2 vol. in-12.
Paris, 1821. 3 f. 25 c. p. 5 f.

HISTOIRES choisies des Auteurs profanes, trad.
en français avec le texte en regard. 2 vol. in-12.
1822. 3 f. p. 4 f. 50 c.

HITOIRE de Cleveland fils de Cromwell, traduit de
l'anglais; par l'abbé *Prevost* ; jolie édition. 6 vol.
in-18. 8 f. p. 12 f.

HISTOIRE de Clarisse Harlowe, traduite de l'anglais de *Richardson*. 11 volumes in-18. figures.
Paris. 11 f. p. 16 f. 50 c.

HISTOIRE des douze Césars, traduite du latin de
Suétone, avec des notes, par *J. F. de La Harpe*.
édition, suivie d'un Précis chronologique de la
vie des Empereurs romains, etc., et d'un Précis
de l'Histoire romaine jusqu'à Jules César, par
Auger. 3 vol. in-18. portraits. *Paris*, 1823.
4 f. 50 c. p. 6 f. 50 c.

HISTOIRE de la Guerre entre les Etats-Unis
d'Amérique et l'Angleterre, pendant les années
1812, 13, 14 et 15; par *H. M. Brackenridge*

2 vol. in-8. avec une carte du théâtre de la guerre. *Paris*, 1820. 7 f. p. 10 f.

HISTOIRE de Henri-le-Grand, roi de France et de Navarre; par *Péréfixe*. Belle édit. 1 vol. in-12. portrait. 2 f. p. 3 f.

HISTOIRE de France, à l'usage de la jeunesse, depuis l'établissement de la monarchie jusqu'à ce jour, par M. *Propiac*. Quatrième édition. 2 vol. in-12. fig. 4 f. 25 c. p. 6 f.

HISTOIRE de Jeanne d'Albret, reine de Navarre, mère de Henri IV, par mademoiselle *de Vauvilliers*; ouvrage contenant un grand nombre de pièces et d'Anecdotes curieuses relatives à la cour de Henri IV, à celle de Médicis, etc. 3 gros vol. in-8. portrait. *Paris*, 1821. 12 f. p. 18 f.

HISTOIRE de Jean-Sans-Terre, roi d'Angleterre, traduit de l'anglais de *Berington*; par *Théodore Pein*. 1 vol. in 8. 2 f. 50 c. p. 4 f.

HISTOIRE militaire des Français. depuis Pharamond jusques et compris le règne de Louis XVI, etc. suivie d'une table chronologique des batailles mémorables et des traités de paix célèbres depuis 451 jusqu'en 1783, par M. *de Lacourcelle*, ancien professeur d'histoire à l'École royale de Saint-Cyr. 3 vol. in-8. *Paris*, 1813. 10 f. p. 15 f.

HISTOIRE militaire du Piémont, par le comte *Alexandre de Saluce*, colonel commandant la légion royale légère; ouvrage couronné par l'Académie des Sciences. 5 v. in-8. 1818. 21 f. p. 30 f.

HISTOIRE poétique, tirée des meilleurs poètes et littérateurs français, ouvrage classique, etc., suivi d'un Dictionnaire de la Fable, par M. *de La Croix* et *Noël*. Dixième édition. 1 vol. in-18. *Paris*, 1822. 1 f. 50 c. p. 2 f. 25 c.

HISTOIRE politique et civile des trois premières Dynasties françaises, par *Laboulinière*. 3 volumes in-8. 9 f. p. 15 f.

HISTOIRE des Philosophes anciens jusqu'à la renaissance des lettres, par *Savérien*. 5 vol. in-12. ornés de 48 portraits. 7 f. 50 c. p. 12 f. 50 c.

HISTOIRE du grand Pompée, par *Moline*. 2 vol. in-12. 3 f. 50 c. p. 5 f.

HISTOIRE de madame de Maintenon et de la Cour de Louis XIV, par *Lafont d'Aussonne*. Troisième édition. 2 volumes in-12. avec portrait. *Paris*, 1820. 4 f. p. 6 f.

HISTOIRE des Révolutions romaines, par *Vertot*. 2 vol. in-12. 4 f. p. 6 f.

HISTOIRE des Révolutions de Suède, par le même. 1 vol. in-12. 1 f. 50 c. p. 2 f. 50 c.

HISTOIRE des Révolutions de Portugal, par le même. 1 vol. in-12. 75 c. p. 1 f. 25 c.

HISTOIRE des Religions et des Mœurs de tous les Peuples du monde, avec 600 grav. représentant toutes les cérémonies et coutumes religieuses, dessinées et gravées par le célèbre *B. Picart*; publiée en Hollande par *J. F. Bernard*; augmentée de l'Histoire des événemens survenus dans le Clergé et l'Église catholique en France depuis 1789; suivis des cérémonies de certaines messes et processions singulières; nouvelle édition. 6 vol. in-4. *Paris*, 1819. 100 f. p. 180 f.

HISTOIRE Romaine, par *Rollin*. Nouvelle édition. 15 vol. in-12. 30 f. p. 45 f.

HISTOIRE de Samuel, inventeur du sacre des rois, par *Volney*. Seconde édition, augmentée de nouveaux éclaircissemens. 1 volume in-12. *Paris*, 1820. 1 f. 75 c. p. 2 f. 50 c.

HISTOIRE de Turenne, par l'abbé Raguenet. 1 vol. in-12. 1 f. 50 c. p. 2 f. 50 c.

HISTOIRE du vicomte de Turenne, par l'abbé *Raguenet*. Jolie édition. 1 vol. in-18. *Paris*. 1824. 1 f. 25 c. p. 2 f.

HISTOIRE (l') véritable, et Lucien ou l'asne; trad. du grec de *Lucien*. 1 vol. pet. in-12. 1 f. p. 1 f. 50 c.

HYGIÈNE des Dames. 1 vol. in-12, avec une jolie vignette. 2 f. p. 3 f.

INCAS (les), ou la Destruction de l'empire du Pérou; par *Marmontel*. 3 vol in-18. fig. *Paris*, 1820. 2 f. p. 3 f. 50 c.

INFERNALIANA, par *Ch. N****. 1 vol. in-12. fig. *Paris*, 1822. 2 f. p. 3 f.

INTRODUCTION à l'histoire de l'Empire français, ou Essai sur la monarchie de Napoléon, par *Regnault-Warin*. Seconde édition. 2 vol. in-8. *Paris*, 1820. 8 f. p. 12 f.

INSTRUCTIONS sur l'Histoire de France et Romaine, par *Le Ragois*. Nouvelle édition, revue, corrigée, et continuée jusqu'en 1816. 2 volumes in-12. *Paris*, 1823. 2 f. p. 3 f.

ITINÉRAIRE de l'Europe, par *François Gandini*; revu, corrigé et augmenté sur le Guide des Voyageurs en Europe de M. *Reichard*, avec les derniers réglemens des administrations des postes d'Italie, de France et d'Autriche. Quatrième édit. 1 vol. in-8. cartes et planches. 1821. 5 f. p. 7 f.

JARDINIER (le) fleuriste et potager, ou Cours de Jardinage; par MM. *H.* et *P.* 1 vol. in-12. orné de 13 gravures. *Paris*, 1822. 2 f. 25 c. p. 3 f. 75 c.

JÉRUSALEM (la) délivrée; traduite en vers français, par *Baour-Lormian* de l'Académie française. Belle édition. 2 vol. in-8. ornés de quatre jolies gravures. *Paris*, 1821. 10 f. p. 12 f.

— LE MÊME OUVRAGE. 3 vol. in-18. grand raisin, ornés de 6 belles gravures et 3 vignettes. *Paris*, 1822. 8 f. p. 10 f.

JÉRUSALEM (la) délivrée, trad. de l'italien du Tasse. 2 vol. in-18. 1 f. 20 c. p. 2 f.

JEUNE (la) parisienne au village, par madame Malles de Beaulieu, 1 vol. in-12. orné de 4 figures. *Paris*, 1824. 2 f. p. 3 f.

JEUX (les) innocens de Société, par madame *Tardieu Denesle*. Nouvelle édition. 1 vol. in-18. orné de 6 jolies grav. *Paris*, 1821. 1 f. 50 c. p. 2 f. 50 c.

JULIETTA, ou le Triomphe du cœur et de l'esprit sur les défauts de conformation; traduit de l'anglais. 2 vol. in-18. ornés de 6 jolies fig. 2 f. p. 3 f.

LA FONTAINE (ses Fables) et tous les Fabulistes, ou La Fontaine comparé avec ses modèles et ses imitateurs; par *Guillon*. 2 volumes in-8. *Paris*, 1803. 6 f. p. 10 f.

LAHARPE (le) de la Jeunesse, ou l'Art d'écrire, de parler et de raisonner, extrait du Cours de littérature de cet écrivain; par *Propiac*. 4 vol. in-12. *Paris*, 1822. 8 f. p. 12 f.

LA HARPE (le) de la Jeunesse, ou Petit Cours de littérature et de morale; par *Clerisse*. 1 vol. in-18. fig. 1824. 1 f. p. 1 f. 50 c.

LEÇONS de l'Amour maternel, ou la Récompense du Travail, contes; par l'auteur du *Retour des Vendanges*, etc. etc. 1 vol. in-18. orné de 5 jolies figures. 1 f. 25 c. p. 1 f. 75 c.

LETTRES sur l'Angleterre. Seconde édition, augmentée d'une lettre sur la Marine anglaise, et d'un

Voyage en Écosse; par madame *D'Avot*. 1 vol. in-8. *Paris*, 1821.   3 f. 50 c. p. 5 f.

LETTRES choisies du comte Chesterfield à son fils. 1 vol. in-18.   60 c. p. 1 f.

LETTRES de Cicéron à Brutus, et de Brutus à Cicéron; nouvelle édition, avec des notes et le texte en regard. 1 vol. in-12.   1 f. 50 c. p. 2 f. 25 c.

LETTRES à Émilie sur la Mythologie, par *Demoustier*. Nouvelle édition, imprimée par *Didot* 2 vol. in-8. papier vélin, figures avant la lettre. *Paris*, 1820.   16 f. p. 24 f.

LETTRES et Épîtres amoureuses d'Héloïse et d'Abailard; nouvelle et jolie édition. 2 vol. in-18. fig. *Paris*. 1823.   2 f. p. 3 f.

LETTRES et Epîtres amoureuses d'Héloïse et d'Abailard. Jolie édition. 2 vol. in 32. grand pap. fig. *Paris*, 1821.   2 f. p. 3 f.

LETTRES sur l'Italie, par *Dupaty*. Belle édition. 3 volumes in-18. ornés de jolies gravures. *Paris*, 1822.   2 f. 50 c. p. 3 f. 50 c.

— LE MÊME OUVRAGE. 3 vol in-18. fig. 1819. 2 f. p. 3 f.

LETTRES de Ninon de Lenclos, au marquis de Sévigné, avec sa Vie. Nouvelle édition. 2 vol. in-18. portrait. *Paris*, 1820.   2 f. p. 3 f.

LETTRES de Madame de Sévigné à sa fille et à ses amis, d'après l'édition in 8. publiée par M. *Grouvelle*. 13 vol. in-12. ornés de 2 portraits (le treisième vol. est inédit).   25 f. p. 36 f.

LETTRES de madame de Sévigné à sa fille et à ses amis, d'après l'édition in-8 publiée par M. *Grouvelle*. 12 vol in-18. portraits.   16 f. p. 25 f.

LETTRES choisies de madame de Sévigné. 3 vol. in-18.   2 f. p. 3 f.

LIAISONS dangereuses, lettres recueillies dans une société; par *Laclos*. 2 vol. in-12. ornés de 5 jolies vignettes. *Paris*, 1822.   5 f. p. 7 f. 50 c.

— LE MÊME OUVRAGE, 4 vol. in-18. ornés de 4 jolies figures. *Paris*, 1820.   3 f. p. 5 f.

LOISIRS de l'Enfance, traduction libre de l'anglais, par *Bertin*. Deuxième édition. 4 vol. in-18. avec de jolies gravures.   4 f. p. 6 f.

LUCRÈCE : de la Nature des choses, traduction et notes de Lagrange. Belle édition. 2 vol. in-18. ornés de 2 jolies figures. *Paris*, 1823.   4 f. p. 6 f.

MACHABÉES (les), ou le Martyre, tragédie en cinq actes, par M. *Al. Guiraud*. Troisième édit. in-8. *Paris*, 1824.   2 f. 50 c. p. 3 f. 50 c.

LUTIN (le) couleur de feu, ou mes Tablettes d'une année; mœurs, politique, réputation, etc.; par *Touchard-Lafosse*. Seconde édition. 1 vol. in-12. fig. *Paris*, 1821.   2 f. 50 c. p. 3 f. 75 c.

MAGASIN des Adolescentes, par madame *Leprince de Beaumont*. 4 vol. in-18. fig.   3 f. p. 5 f.

MAGASIN des jeunes Dames, par la même. 4 vol. in-18. fig.   3 f. 60 c. p. 6 f.

MAGASIN des Enfans, par la même. 4 vol. in-18. fig.   2 f. 50 c. p. 4 f.

MAGASIN (le) des Enfans. 4 vol. in-12. 8 fig. et 2 cartes. *Paris*, 1823.   4 f. p. 6 f.

MAGASIN (le) des Pauvres, Artisans et Domestiques, par madame *Leprince de Beaumont*. 2 vol. in-12. bonne édition.   2 f. p. 3 f.

MANUEL d'Arithmétique ancienne et décimale. 1 vol. in-18. fig. 1819.   1 f. p. 1 f. 50 c.

MANUEL du Bouvier, du Maréchal expert et du Berger. 1 vol. in-12. fig.   1 f. p. 1 f. 50 c.

MANUEL (petit) du Canonnier, ou Instructions générales sur le service de toutes les bouches à feu en usage dans l'artillerie; septième édit. 1 vol. in-18. planches. 1821.   70 c. p. 1 f.

MANUEL du Chasseur et des Garde-Chasses, suivi d'un Traité sur la pêche, par M. *de Mersan*. Nouvelle édition. 1 gros vol. in-18. avec figures et musique. *Paris*, 1822.   2 f. 25 c. p. 3 f.

MANUEL du Cuisinier et de la Cuisinière bourgeoise, par M. *Cardelli*, ancien chef d'office. 1 vol. in-18. fig. *Paris*, 1822.   1 f. 80 c. p. 2 f. 50 c.

MANUEL du Limonadier, du Confiseur et du Distillateur; par M. *Cardelli*, ancien chef d'office. 1 vol. in-18. *Paris*, 1825.   1 f. 80 c. p. 2 f. 50 c.

MANUEL épistolaire, ou Instructions sur les divers genres de correspondance; par M. *Philippon de la Madeleine*. Neuvième édition. 1 volume in-12. *Paris*, 1823.   1 f. 75 c. p. 2 f. 50 c.

MANUEL du jeune Marin, contenant l'instruction pour la partie pratique du gréement des vaisseaux, du commerce, l'arrimage, la voilure, etc. etc.; par *Nogues*, ancien officier de marine. 1 vol. in-12. planches. *Paris*, 1814.   2 f. p. 3 f.

MANUFACTURES (des) de Soie et du Mûrier, par *Mayet*. 1 vol. in-8.   2 f. p. 3 f.

MATINÉES (les) de l'Enfance, ou Contes et Historiettes amusantes, traduits de l'anglais, par *Bertin*. Deuxième édition, revue et augmentée. 4 vol. in-18. avec 24 jolies gravures.   4 f. p. 6 f.

MÉDECINE perfective, ou Code des bonnes mères; par *J. André Millot*. Seconde édition. 2 gros vol. in-8.   8 f. p. 12 f.

MELANGES de Littérature et de Philosophie du dix-huitième siècle; par l'abbé *Morelet*. 4 vol. in-8. *Paris*, 1817.   16 f. p. 24 f.

MEMOIRE sur les Abeilles, nouvelle manière de construire des ruches en paille, et la façon de gouverner les abeilles, etc.; par *Bienaymé*. 1 vol. in-12.   1 f. p. 1 f. 50 c.

MEMOIRES de Duguay-Trouin; nouvelle édition, suivie de l'Eloge de ce célèbre marin; par *Thomas*. 1 vol. in-18. 1822.   1 f. 25 c. p. 1 f. 80 c.

MEMOIRES de Henri IV, Louis XIII, XIV et XV. 8 vol. in-12.   12 f. p. 20 f.

MÉMOIRES du comte de Grammont, par *Hamilton*. Nouvelle édition. 2 vol. in-12. ornés de 2 grav. *Paris*, 1818.   3 f. p. 4 f. 50 c.

MÉMOIRES du comte Grammont, par *Hamilton*; jolie édition. 2 vol. in-32. grand raisin, ornés de 2 fig. *Paris*, 1823.   3 f. 25 c. p. 5 f.

MÉMOIRE sur l'Hydrocéphale (hydropisie du cerveau), par *Matthey*; ouvrage qui a remporté le prix à l'Académie de Dijon. 1 volume in-8. 1820.   1 f. 50 c. p. 2 f. 50 c.

MEMOIRES d'un officier français prisonnier en Espagne, ou Relation circonstanciée de la captivité du corps d'armée française, sous les ordres du lieutenant-général Dupont; suivie de la relation de la déportation, en 1809, des officiers, sous-officiers et soldats français, des malheurs qu'ils ont essuyés; accompagnée de pièces justificatives, d'un plan de la rade de Cadix et de l'île de Cabrera. Par un officier supérieur de la garde royale. Seconde édition. 1 vol. in-8. *Paris*, 1823.   3 f. 50 c. p. 5 f.

MÉMORIAL parisien, ou Paris tel qu'il fut et tel qu'il est; par *Dufey*. 1 volume in-12. fig. *Paris*, 1821.   2 f. p. 3 f.

MENTOR (le) de l'Enfance et de l'Adolescence, ou

les Conseils de la Morale , de la Prudence et de la Sagesse; par *P. Cuisin.* 1 vol. in-12. orné de 23 jolies figures. *Paris*, 1823.   2 f. 25 c. p. 3 f.

MENTOR des Enfans et des Adolescens, par l'abbé *Reyre.* 1 vol. in-12. orné de jolies figures et titres gravés. *Paris*, 1824.   2 f. p. 3 f.

MIROIR (le) de l'enfance, par *Bertin;* troisième édition. 1 vol. in-18. orné de 5 figures. *Paris*, 1819.   1 f. p. 1 f. 50 c.

MODELE (le) des Enfans. 1 vol. in-18, avec 11 fig. et titre gravé.   1 f. p. 1 f. 50 c.

MORALE (la) en action, ou Élite de faits mémorables et d'anecdotes instructives. 1 vol. in-12. orné de 4 gravures. *Paris*, 1820.   1 f. 75 c. p. 3 f.

MORALE (la) en exemples. 1 vol. in-12. orné de figures.   2 f. p. 3 f.

MORALE (la) du Vaudeville, chansonnier à l'usage des enfans et jeunes gens des deux sexes, publié par M. *Ourry.* 1 vol. in-18. orné de 2 vignettes et d'un titre gravé.   1 f. p. 1 f. 50 c.

MORCEAUX choisis de Buffon, ou Recueil de ce que ce grand naturaliste offre dans ses Œuvres de plus remarquable. 1 vol. in-18. ornée de 60 jolies figures. *Paris*, 1823.   1 f. 75 c. p. 2 f. 50 c.

MORT (la) d'Abel, par *Gessner.* 1 vol. in-18. avec 6 jolies fig.   1 f. p. 1 f. 50 c.

MORT (la) de Socrate, drame, précédé d'un Essai sur les Journaux, et suivi d'un Discours académique, par *J. Bernardin de Saint-Pierre.* 1 vol. in-18.   1 f. p. 1 f. 50 c.

NAPOLÉON en exil à Saint-Hélène; Relation contenant les opinions et les réflexions de Napoléon sur les événemens les plus importans de sa vie, et ornée d'un *fac simile;* recueillies par *Barry O'meara,* son dernier chirurgien, etc., etc. Seconde édition. 2 vol. in-8. *Paris*, 1822.   10 f. p. 12 f.

NARRATIONS d'Omaï, insulaire de la mer du Sud, ami et compagnon de voyage du capitaine Cook. 4 vol. in-8. fig.   5 f. p 9 f.

NOUVEAU Guide de Politesse, ouvrage critique et moral, avec des notes et un petit aperçu littéraire; par *Emeric.* Seconde édition. 1 vol. in-8. *Paris*, 1822.   3 f. 50 c. p. 5 f.

NOUVEAUX Élémens de Chimie théorique et pratique: par *l'abulet,* pharmacien-major; seconde édition, considérablement augmentée. 2 vol. in-8. ornés de 14 planches, 1813.   8 f. p. 12 f.

NOUVEAU Supplément au Cours de Littérature de La Harpe. 1 vol. in-8. *Paris*, 1818.   4 f. p. 6 f.

NOUVELLE (la) Héloïse, par *Rousseau.* 4 gros vol. in-32. grand raisin, ornés de 4 jolies vignettes. *Paris*, 1822.   6 f. p. 10 f.

NUITS (les) d'Young, trad. de l'anglais, par *Letourneur.* Jolie édition, revue et corrigée. 2 vol. in-12. fig. *Paris*, 1818.   4 f. p. 6 f.

ŒUVRES posthumes de Sylvain Bailly, premier maire de Paris, président de l'assemblée constituante, membre de l'Académie, etc.; précédées de la Vie littéraire et politique de cet homme illustre. 1 vol. in-8. *Paris*, 1810.   3 f. p. 5 f.

ŒUVRES complètes de Bernard. Nouvelle édition. 1 vol. in-18. petit papier.   75 c. p. 1 f. 25 c.

ŒUVRES de Berquin, revues et mises dans un nouvel ordre, par M***, auteur de plusieurs ouvrages sur l'éducation. 16 vol. in-18. ornés de 16 figures.   9 f. p. 16 f.

ŒUVRES complettes de Boufflers. Troisième édit. 4 vol. in-18. ornés de 16 fig. et portrait. *Paris*, 1824.   7 f. p. 10 f.

ŒUVRES de Crébillon, nouvelle édition. 3 vol. in-12. *Paris*, 1820.   5 f. p. 7 f. 50 c.

ŒUVRES de Darnaud; contenant les Épreuves du Sentiment, les Époux malheureux et les Nouvelles historiques. 11 gros vol. in-12.   12 f. p. 22 f.

ŒUVRES de madame et mademoiselle Deshoulières. 2 vol. in-12.   3 f. p. 5 f.

ŒUVRES de Diderot, publiées sur les manuscrits de l'auteur, par *Naigeon.* 15 gros vol. in-12. avec figures. *Paris*.   30 f. p. 45 f.

ŒUVRES complètes de Florian. 24 vol. in-18. avec 24 figures.   16 f. p. 24 f.

ŒUVRES de Gessner; belle édition. 3 vol. in-18. ornée de 17 jolies fig. 1815.   5 f. p. 7 f. 50 c.

ŒUVRES de Gilbert. Jolie édition. 2 vol. in-18. portrait.   1 f. 75 c. p. 2 f. 50 c.

ŒUVRES de Gresset. 2 vol. in-8. ornés de 7 figures, papier ordinaire.   7 f. p. 10 f.

ŒUVRES de Gresset; édition conforme à celle donnée par l'auteur. 2 vol. in-12.   3 f. p. 5 f.

ŒUVRES choisies de Gresset; belle édition. 1 vol. in-32. grand raisin vélin, orné d'une jolie figure. *Paris*, 1824.   2 f. 50 c. p. 3 f. 50 c.

ŒUVRES complètes de F. Hemsterhuis. Belle édition. 2 vol. in-8. ornés de vignettes et de culs-de-lampe, papier vélin.   10 f. p. 15 f.

ŒUVRES d'Homère, ou l'Iliade et l'Odyssée, trad. en français, avec des remarques et des réflexions, par *Bitaubé,* nouvelle édition. 4 vol. in-12. ornés des portraits d'Homère et de Bitaubé et de deux figures allégoriques. *Paris*, 1822.   9 f. p. 12 f.

ŒUVRES d'Homère, avec des Remarques sur Homère, et sur la traduction des poètes; par *Bitaubé.* 8 vol. in-18. 1820.   8 f. p. 12 f.

ŒUVRES de La Fontaine. 5 vol. in-12. papier fin.   10 f. p. 15 f.

ŒUVRES de Laujon, membre de l'Intitut; contenant ses pièces de théâtre, poésies, anecdotes, etc. 4 vol. in-8.   12 f. p. 20 f.

ŒUVRES complètes de Molière, 6 vol. in-12. *Paris*, 1823.   12 f. p. 18 f.

ŒUVRES choisies de Panard. 3 vol in-18. portrait. *Paris*.   4 f. p. 6 f.

ŒUVRES complètes de J. Racine, avec les variantes, et une Vie de Racine, par *Geoffroi.* 4 forts volumes in-8. ornés du portrait de Racine et de 12 figures.   16 f. p. 25 f.

ŒUVRES complètes de Jean Racine. 5 vol. in-12. *Paris*, 1823.   10 f. p. 15 f.

ŒUVRES complètes de J. Racine. 4 vol. in-18. ornés de 12 jolies gravures et du portrait de l'auteur. *Paris*, 1817.   5 f. 50 c. p. 8 f. 50 c.

— LE MÊME OUVRAGE, imprimé sur carré fin d'Angoulême, 3 vol. in-12. avec les 12 figures et le portrait.   8 f. p. 12 f.

ŒUVRES complètes de Regnard. 4 vol. in-12. *Paris*, 1823.   8 f. p. 12 f.

ŒUVRES de Saint-Lambert, contenant le Poëme des Saisons, ses Pièces fugitives, ses Contes. 2 vol. in-18. figures. *Paris*, 1822.   2 f. p. 3 f.

OMNIANA, ou Archives de la Société des Gobemouches, par *Moucheron.* 1 gros volume in-12. figures.   2 f. p. 3 f.

ORAISON funèbre de S. A. S. Louis-Antoine-Henri de Bourbon-Condé, duc d'Enghien; par l'abbé *Villefort.* in-8. *Paris*, 1818. 2 f. p. 3 f.

ORAISON funèbre de Marie-Antoinette-Josèphe-Jeanne de Lorraine, archiduchesse d'Autriche, reine de France; par l'abbé de *Villefort.* In-8. *Paris*, 1816. 2 f. p. 3 f.

ORDONNANCE sur l'exercice et les manœuvres de la Cavalerie; suivie de l'Instruction sur l'exercice et les manœuvres de la lance. Belle édition. 1 gros vol. in-12. avec 28 pl. 2 f. p. 3 f.

ORESTE, poëme en douze chants, par *Pierre Dumesnil.* 1 vol. in-8. 1804. 4 f. p. 6 f.

ORIGINE (de l') des Lois, des Arts et des Sciences, et de leurs progrès chez les anciens Peuples; par *Goguet.* Sixième édition, revue et corrigée avec soin. 3 volumes in-8. figures et tableaux. *Paris.* 1820. 14 f. p 21 f.

ORNEMENS (les) de la Mémoire, ou les Traits brillans des poëtes français les plus célèbres. 1 vol. in-12. 1822. 1 f. 50 c. p. 2 f. 25 c.

PANORAMA historique de l'univers, ou les Mille et une Beautés de l'histoire universelle à l'usage des maisons d'éducation, par A. J. B. Bouvet de Cressé. 1 gros vol. in-12. orné de 4 figures. *Paris*, 1825. 2 f. 50 c. p. 3 f. 50 c.

PARFAIT (nouveau) Bouvier, ou Remèdes préservatifs et curatifs pour les maladies du bétail. Nouvelle édition, revue et corrigée 1 volume. in-12. *Paris*, 1820. 1 f. 25 c. p. 2 f.

PARFAIT (le) Maréchal expert, ou l'Art de connaître les Chevaux, etc. Nouvelle édition. 1 gros vol. in-12. avec 6 fig. *Paris*, 1824. 2 f. p. 3 f.

PEINE (de la) de mort, en matière politique; par M. *Guizot.* Deuxième édition. 1 vol. in-8. *Paris*, 1823. 2 f. 50 c. p. 4 f.

PENSÉES et Maximes de Fénélon; recueillies par *Duval.* Jolie édition. 2 volumes in-18. portrait. *Paris*, 1821. 2 f. p. 3 f.

PENSÉES de Pascal sur la religion et sur quelques autres sujets. 1 vol. in-12. 1 f. 80 c. p. 3 f.

PENSÉES et Maximes de J. J. Rousseau; recueillies par *Réné Perrin.* 2 vol. in-18. portrait. *Paris*, 1821. 2 f. p. 3 f.

PENSÉES et Maximes de Voltaire; recueillies par *Réné Perrin.* 2 volumes. in-18. portrait. *Paris*, 1821. 2 f. p. 3 f.

PERFIDIES (les) assassines, Crimes et Escroqueries d'un Bambocheur du grand ton. 1 vol. in-18. fig. *Paris*, 1820. 1 f. 25 c. p. 2 f.

PETIT Neladir (le), ou le Berger de Bassora, conte moral tiré de l'arabe, par M. *S. G. Masselin*, 1 vol. in-18. figures. 1 f. p. 1 f. 50 c.

PHARSALE (la) de Lucain, traduction de *Marmontel*, de l'Académie Française, jolie édition. 2 vol. in-18. fig. *Paris*, 1823. 4 f. p. 6 f.

PIÈCES judiciaires et historiques relatives au procès du duc d'Enghien, avec le journal de ce Prince depuis l'instant de son arrestation. In-8. *Paris*, 1823. 2 f. p. 2 f. 50 c.

PLUTARQUE de l'enfance, ou Maximes et traits historiques, extraits des Vies des Hommes illustres de Plutarque. Quatrième édition. 1 vol. in-12. orné de 40 portraits. 1822. 2 f. p. 3 f.

POEMES élégiaques, par M. *A. Giraud*, troisième édition revue par l'auteur. 1 vol. in-18. grand raisin superfin, imprimé par Firmin Didot, et orné de belles gravures. *Paris*, 1825. 3 f. p. 4 f.

POÉSIES d'Horace traduites par *Batteux*, latin-français. 2 vol. in-18. 2 f. 50 c. p. 4 f.

POÉSIES (Choix des) de Barthe, Masson et Carbon de Flins. 1 vol. in-18. 1 f. p. 1 f. 50 c.

POÉSIES (Choix des) de l'abbé de Lattaignant. 1 vol. in-18. 1 f. p. 1 f. 50 c.

POÉSIES (Choix des) de Pezai, Saint-Peravi et La Condamine. 1 vol. in-18. 1 f. p. 1 f. 50 c.

POÉSIES de Mollevaut. 1 vol. in-12. 1 f. p. 1 f. 50 c.

POLITIQUE d'Aristote, traduite du grec par *Millon.* 3 vol. in-8. portrait. 10 f. p. 18 f.

PRÉCIS de la Révolution française, et des événemens politiques et militaires qui l'ont suivie; par *Schoel.* 1 vol. in-18. *Paris.* 1 f. p. 1 f. 50 c.

PRÉCIS historique sur les Révolutions des royaumes de Naples et de Piémont, en 1820, 1821, suivi de documens authentiques sur ces événemens, par M. le comte D..... Seconde édition. 1 vol. in-8. *Paris*, 1821. 3 f. p. 4 f. 50 c.

PRINCIPES de littérature, par l'abbé *Batteux*, nouvelle édition, revue avec soin, et précédée d'une notice historique sur la vie de l'auteur. 6 vol. in-12. *Paris*, 1824. 10 f. p. 15 f.

PRINCIPES de politique applicables à tous les gouvernemens représentatifs, et particulièrement à la Constitution actuelle de la France, par *Benjamin-Constant.* 1 vol. in-8. *Paris*, 1815. 4 f. p. 6 f.

PROMENADES d'un désœuvré dans la ville de Saint-Pétersbourg. 2 vol. in-12. 3 f. 50 c. p. 5 f.

PROSCRIPTIONS (des); par *Bignon.* 2 vol. in-8. *Paris*, 1821. 9 f. p. 12 f.

PROSCRIPTION de Moreau, ou Relation du procès de ce général, notice sur sa vie publique et privée, et sur ces derniers momens, lettres inédites, anecdotes, etc.; par *Breton de La Martinière;* suivi du Mémoire justificatif pour le général Moreau, par MM. *Bonnet, Bellart* et *Perignon.* 1 vol. in-8. *Paris*, 1814. 2 f. 50 c. p. 4 f.

PROVINCIALES (les), ou Lettres de Louis de Montalte; par *B. Pascal.* 1 vol. in-12. 2 f. p. 3 f.

RECHERCHES sur les Causes de la richesse des Nations; par *Smith*, trad. de l'anglais par *Blavet.* 4 vol. in-8. 12 f. p. 20 f.

RECUEIL précieux de la Maçonnerie Adonhiramite, etc. 3 vol. in-18. fig. 2 f. p. 3 f.

RECUEIL de Mémoires de médecine, de chirurgie et de pharmacie militaires, publié par ordre du Ministre de la guerre, et rédigé sous la surveillance du Conseil de santé, par *Fournier-Peseng*, médecin et ancien chirurgien en chef des armées. 12 vol. in-8. *Paris*, 1819. 60 f. p. 84 f.

RELATION concernant les événemens arrivés en 1816, à Martin, laboureur de la Beauce. In-8. 1820. 60 c. p. 1 f.

RÉVOLUTIONS de Constantinople en 1807 et 1808, suivies d'observations sur la constitution, les mœurs et l'état actuel de l'empire ottoman; par M. *Juchereau de Saint-Denys.* Seconde édition, augmentée de divers documens et d'une nouvelle carte de la Turquie d'Europe, gravée par *Tardieu aîné.* 2 vol. in-8. *Paris*, 1822. 7 f. p. 10 f.

RHÉTORIQUE française à l'usage des jeune demoiselles; avec des exemples tirés, pour la plupart, de nos meilleurs orateurs et poëtes modernes. 1 vol. in-12. *Paris*, 1822. 1 f. 50 c. p 2 f. 50 c.

RIDEAU (le) levé, ou Coup d'œil général sur les Prisons de Paris, offrant un grand nombre d'anecdotes sur les prisonniers de toutes classes qui y ont été détenus depuis vingt ans. 1 vol. in-12. figure. *Paris*, 1815. 2 f. 25 c. p. 3 f.

RITUEL des Prières journalières à l'usage des Israélites, traduit de l'hébreu; par *J. Anspach*, avec le texte en regard; belle édition, 1 volume in-8. *Metz*. 1823. 5 f. p. 8 f.

ROLAND furieux, poëme, trad. de l'Arioste par *Tressan*. 4 vol. in-32. grand raisin, figures. *Paris*, 1824. 6 f. 50 c. p. 10 f.

ROMAN (le) comique, par *Scarron*. Jolie édition. 4 vol. in-18. fig. *Paris*, 1823. 4 f. p. 6 f.
— LE MÊME OUVRAGE. 4 vol. in-12. 1821. 5 f. p. 8 f.

ROMANS et Contes de Voltaire. 2 gros vol. in-12. *Paris*, 1818. 4 f. 50 c. p. 7 f.

RUSES (les) des Filous et Escrocs dévoilées, contenant les détails des ruses, finesses, tours industrieux employés par les filous et escrocs pour faire des dupes. Cinquième édition augmentée. 2 vol. in-12. fig. *Paris*, 1819. 3 f. 50 c. p. 5 f.

RUTH et Noémi, ou les deux Veuves; sujet traité d'après l'Ecriture-Sainte, par *Kératry*. 1 vol. in-18. orné de 4 figures. 1 f. 40 c. p. 2 f.

SAISONS de Saint-Lambert. 1 vol. in-18. figures. *Paris*. 1 f. p. 1 f. 50 c.

SAISONS (les) de Thompson, traduites en français. Belle édition. 1 vol. in-18. orné de 6 fig. *Paris*, 1820. 1 f. 25 p. 2 f. 25 c.

SANDFORT et Merton, par *Berquin*. 7 parties in-18. ornées de fig. 4 f. p. 7 f.

SELECTÆ è profanis scriptoribus historiæ. 1 vol. in-12. 1 f. 25 c. p. 2 f.

SIRES (les) de Beaujeu, ou Mémoires historiques sur le monastère de l'île Barbe et la tour de la belle Allemande; par l'auteur de Paris, Versailles et les Provinces. 2 vol. in-8. 5 f. p. 8 f.

SOIRÉES provençales, ou Mœurs des habitans du Midi; par *Béranger*, auteur de la Morale en action. 2 gros vol. in-12. figures. 4 f. 50 c. p. 6 f.

SOIRÉES (les) de Société, ou nouveaux Proverbes dramatiques; par madame *Victorine M***. 2 vol. in-12. 2 f. 50 c. p. 4 f.

SOIRÉES (les) sous le vieux Tilleul, ou petit Cours de morale en exemples; imitation de *Campe*; par *Breton*. 2 vol. in-18. fig. 1821. 2 f. p. 3 f.

SOUVENIRS (les) d'un Oisif, ou l'Esprit des autres, recueil d'anecdotes, la plupart secrètes, ou peu connues. 1 vol. in-18. 1824. 90 c. p. 1 f. 25 c.

SOUVENIRS (mes), et autres Opuscules, par *Le Gay*, 2ᵉ édit. 2 vol. in-18. fig. 2 f. 50 c. p. 4 f.

SOUVENIRS de Paris en 1804; par *Kotzebue*, trad. de l'allemand sur la seconde édition, avec des notes. 2 vol. in-12. 4 f. p. 6 f.

SOUVENIRS d'un Voyage en Livonie, à Rome et à Naples; traduits de l'allemand de *Kotzebue*. 4 vol. in-12. 6 f. p. 10 f.

TABLEAU de l'Amour conjugal; par *Venette*. 2 vol. in-12. ornés de 12 fig. *Paris*, 1818. 3 f. p. 5 f.
— LE MÊME. 4 vol. in-18. fig. 2 f. 50 c. p. 4 f.

TABLEAU historique des progrès de l'esprit humain, par *Condorcet*, troisième édition. 1 vol. in-18. *Paris*, 1823. 2 f. 25 c. p. 3 f.

TABLEAU littéraire du dix-huitième siècle, ou Essai sur les grands écrivains de ce siècle et les progrès de l'esprit humain en France, suivi de l'Eloge de La Bruyère, par *Victorin Fabre*. 1 vol. in-8. 3 f. p. 5 f.

TABLES des logarithmes, contenant les logarithmes depuis 1 jusqu'à 102100, et les logarithmes des sinus et des tangentes, etc., par *Gardiner;* nouv. édition corrigée et augmentée. 1 vol. in-folio, petit papier. 20 f. p. 36 f.

TABLES générales de la hauteur et de la longitude du nonagésime calculées pour toutes les latitudes terrestres tant septentrionales que méridionales, depuis l'équateur jusqu'au cercle polaire à l'usage de l'astronomie et de la marine; par *Lévêque*. 2 vol. in-8. 8 f. p. 12 f.

TABLEAU historique des progrès de la civilisation en France, depuis l'origine de la Monarchie jusqu'à nos jours. 1 gros vol. in-18. Jolie édition. *Paris*, 1823. 2 f. 25 c. p. 3 f.

TABLEAU des principaux faits de l'Histoire ancienne et moderne, ou Thèses historiques pour préparer les jeunes gens à l'examen de bachelier ès-lettres et à l'usage des maisons d'éducation, par *Freu*, bachelier en la faculté des lettres de l'Académie de Paris. 1 vol. in-12. 1824. 3 f. p. 4 f.

TABLEAUX chronologiques de l'Histoire ancienne et moderne, pour l'instruction de mon fils, par *Thouret*. In-fol. *Paris*, 1821. 21 f. p. 30 f.

THÉATRE classique contenant Athalie, Esther, Polyeucte et Mérope. 1 vol. in-18. orné de trois portraits. 1823. 1 f. 25 c. p. 1 f. 80 c.

THÉATRE d'Alfieri, trad. de l'italien. 5 vol. in-18. *Paris*, 1822. 8 f. p. 12 f. 50 c.

THÉATRE de Shakspeare, traduit de l'anglais par *Letourneur*, nouvelle édition corrigée et enrichie de notes de divers commentateurs sur chaque pièce. 12 vol. in-18. *Paris*, 1822. 20 f. p. 30 f.

THÉATRE de Schiller trad. de l'allemand. 6 vol. in-18. *Paris*, 1822. 10 f. p. 15 f.

THÉATRE choisi de Favart; jolie édition. 3 vol. in-8. portrait. 10 f. p. 18 f.

THÉATRE de Schiller, traduit de l'allemand, par *Lamartellière* 2 vol. in-8. 7 f. p. 10 f.

THEORIE nouvelle et raisonnée du participe français; par M. *Boscher*, bachelier ès-lettres. Seconde édition, revue et augmentée. 1 vol. in-12. *Paris*, 1817. 1 f. 25 c. p. 2 f.

TRAITÉ pratique d'Arithmétique ancienne et décimale comparée et rendue facile, de la Géométrie, de l'Arpentage, du Toisé des bâtimens, bois, etc., simplifiés et démontrés en rapport avec l'ancien et le nouveau calcul, etc., par *Chenu*. 1 vol. in-8. fig. *Paris*, 1822. 4 f. p. 6 f.

TRAITÉ élémentaire du jeu des échecs; par *Ulysse D***. 1 vol. in-18. *Paris*, 1823. 70 c. p. 1 f.

TRAITÉ des Etudes, ou de la Manière d'enseigner et d'étudier les belles-lettres; par *Rollin*. 4 vol. in-12. 1819. 7 f. p. 12 f.

TRAITÉ élémentaire d'Ornithologie, suivi de l'Art d'empailler les oiseaux; par *Mouton Fontenille*, professeur d'histoire naturelle à l'Académie de Lyon. 3 vol. in-8. ornés de 10 pl. 7 f. p. 12 f.

TRAITÉ de l'Orangerie, des serres chaudes et châssis, par M. *L. B.* 1 vol. in-8. fig. 4 f. p. 7 f.

TRAITÉ expérimental du Typhus traumatique, gangrène ou pourriture des hôpitaux, suivi de pièces justificatives, par *Ollivier*, docteur en médecine et ex-chirurgien dans divers hôpitaux. 1 gros vol. in-8. *Paris*, 1822. 5 f. p. 7 f.

TRISTES (les), recueil de poésies, par M. *Belmontet*. 1 vol. in-18. grand raisin, imprimé par Didot. *Paris*, 1824. 2 f. 25 c. p. 3 f.

TROPES (des), ou des différens sens où l'on peut prendre un même mot dans une même langue, par *Dumarsais*. 1 vol. in-12.   1 f. p. 1 f. 50 c.

TUSCULANES (les) de Cicéron, traduites par *Bouhier*. 2 vol. in-12.   3 f. p. 5 f.

URNE (l') royale, ou les Derniers momens de S. M. Louis XVIII, roi de France et de Navarre, offrant à la fois les traits, anecdotes, saillies et faits les plus intéressans de sa vie et de son règne, les causes et les circonstances de sa mort, ainsi que de longs détails sur ses funérailles. 1 vol. in-12. orné d'une jolie gravure. *Paris*, 1824.   2 f. p. 3 f.

VARIÉTÉS littéraires, ou Recueil des pièces, tant originales que traduites, concernant la philosophie, la littérature et les arts; par MM. *Arnault* et *Suard*, de l'Académie française. Nouvelle édit. 4 vol. in-8.   16 f. p. 24 f.

VEILLEES (les) poétiques, par *J. B. Daumier*, de Marseille. 1 vol. in-18. grand raisin satiné. *Paris*, 1823.   2 f. 25 c. p. 3 f.

VÉRITABLE Éteilla, manière de tirer les cartes, avec une Instruction pour s'en servir, renfermé dans un étui.   2 f. p. 3 f.

VIE (la) de Garçon dans les hôtels garnis de la capitale, petite galerie galante, pittoresque, sentimentale et philosophique. Seconde édition. 1 vol. in-18. fig. *Paris*, 1824.   1 f. p. 1 f. 50 c.

VIE de Jacques II, roi d'Angleterre, d'après les Mémoires écrits de sa main, à laquelle on a joint les conseils du roi à son fils, et le testament de sa majesté; trad. de l'anglais par M. *Cohen*. 4 vol. in-8. portrait *Paris*, 1819.   16 f. p. 24 f.

VIE de Voltaire, par *Condorcet*. Nouvelle édition, précédée de l'Epître à Voltaire, par *Chénier;* et suivie des Mémoires de Voltaire, écrits par lui-même. 1 vol. in-18. *Paris*, 1822.   2 f. p. 3 f.

VIE et Amours du chevalier de Faublas; par *Louvet de Couvray*. 8 vol. in-18. fig. *Paris*, 1820. 5 f. p. 8 f.

Virgilius Maro (Publius) Bucolica, Georgica et Æneis juxta editionem Chr. Cœttl. Heine, novis curis emendata. In-12.   1 f. 50 c. p. 2 f. 50 c.

VOCABULAIRE (nouveau) ou Dictionnaire portatif de la langue française avec la prononciation; par *Rolland;* cinquième édition. 1 volume in-8. 1819.   5 f. p. 8 f.

VOLTAIRE Chrétien, preuves tirées de ses ouvrages, suivies de pièces religieuses et morales, du même auteur. Belle édition, imprimée par *Didot l'aîné*, 1 vol. in-18. papier fin, orné de 4 jolies figures. *Paris*, 1820.   2 f. 25 c. p. 4 f.

VOYAGE en Abyssinie, exécuté dans les années 1809 et 1810, par *Henry Salt;* traduit de l'anglais, par *Henry*. 2 volumes in-8. accompagnés d'un bel atlas, composé de vues, portraits, cartes, etc. au nombre de 33, gravés par *Adam*. *Paris*, 1816.   14 f. p. 25 f.

VOYAGE en Afrique, par *Ledyard* et *Lucas*, trad. de l'anglais par *Lallemand*, 2 parties in-8. *Paris*, 1804.   6 f. p. 10 f.

VOYAGES dans l'Amérique septentrionale dans les années 1780, 1781 et 1782; par M. le marquis de *Chastellux;* deuxième édition. 2 volumes in-8. *Paris*.   6 f. p. 10 f.

VOYAGE dans le Canada; traduit de l'anglais, par *M. T. G. M.* 4 vol. in-12.   6 f. p. 10 f.

VOYAGE en Chine et en Tartarie, par lord *Macartney;* traduit de l'anglais par M. *Breton*. 7 vol. in-18. dont 1 vol. d'atlas.   12 f. p. 18 f.

VOYAGE cosmographique, ouvrage dédié à la jeunesse, par *Schœfer*, traduit de l'allemand. 2 vol. in-12. *Paris*, 1802.   2 f. 50 c. p. 4 f.

VOYAGES (les trois) du capitaine Cook, comprenant la Relation des Voyages entrepris pour faire des découvertes dans l'hémisphère méridional et l'hémisphère austral, de 1772 à 1780, etc.; traduits de l'anglais. 18 volumes in-8. ornés d'une carte.   54 f. p. 90 f.

VOYAGES en France et pays circonvoisins, ou Voyage d'un Français, depuis 1775 jusqu'en 1807. 4 vol. in-8. ornés de 32 jolies gravures. *Paris*, 1817.   18 f. p. 26 f.

VOYAGES en France et autres pays, en prose et en vers, par *Chapelle* et *Bachaumont*, *Bertin*, *Boufflers*, *Bernardin de Saint-Pierre*, *Racine*, *Voltaire*, *Parny*, etc. Jolie édit. 5 vol. in-18. ornés de 36 grav. *Paris*, 1818.   11 f. p. 15 f.

VOYAGES de Georges III à Chettenham, Glocester, Worcester et leurs environs, précédés d'une notice historique sur la vie de ce prince. 1 vol. in-8. *Paris*, 1823.   2 f. 50 c. p. 3 f. 50 c.

VOYAGES de Gulliver, (premier et second;) traduit de *Swifft*, par l'abbé *Desfontaines*. 4 vol. in-18. figures. *Paris*, 1822.   3 f. p. 5 f.

VOYAGE descriptif et historique de l'Ancien et du Nouveau Paris; suivi de la Description des environs de Paris et des Maisons royales, d'un Dictionnaire des rues, Places, Quais, etc. Nouvelle édition. 2 gros vol. in-18. ornés d'un plan de Paris et de 63 gravures. *Paris*, 1821.   6 f. p. 7 f.

DESCRIPTION des Statues, Groupes, etc., en marbre et en bronze; qui ornent le jardin des Tuileries et le Luxembourg. 1 gros vol. in-18. orné de 84 gravures. *Paris*, 1821.   4 f. p. 5 f.
Ce volume forme le troisième de l'ouvrage ci-dessus.

VOYAGE du jeune Anacharsis en Grèce, avec les notes et les tables; par *Barthélemy*. 7 vol. in-12. Belle édition. *Paris*, 1819.   16 f. p. 24 f.
— Avec Atlas in-4.   21 f. p. 30 f.
— LE MÊME OUVRAGE. 7 vol. in-18.   11 f. p. 16 f.
— Avec Atlas, in-4.   16 f. p. 21 f.

VOYAGE (nouveau) dans la partie méridionale de l'Afrique, par *John Barrow;* trad. de l'anglais. 2 volumes in-8. ornés de 8 belles cartes géographiques.   8 f. p. 12 f.

VOYAGE dans l'intérieur de l'Afrique, par *Frédéric Horneman*, pendant les années 1797 et 1798, 1 vol. in-8. *Paris*, 1802.   4 f. p. 6 f.

VOYAGE à l'île de Ceylan, par *Robert Percival;* trad. de l'anglais, par *Henry*. 2 vol. in-8. ornés de planches et cartes.   6 f. p. 10 f.

VOYAGE de Samuel Héarne, dans la baie de Hudson, à l'Océan du Nord, etc. traduit de l'anglais. 2 vol. in-8. et atlas in-4.   9 f. p. 15 f.

VOYAGES dans l'Indoustan, à Ceylan, sur les deux côtes de la mer Rouge, en Abyssinie et en Egypte, durant les années 1802, 1803, 1804, 1805 et 1806; par le vicomte *George Velentia;* traduit de l'anglais, par *P. F. Henri*. 4 vol. in-8. et atlas in-4. *Paris*, 1813.   30 f. p. 42 f.

VOYAGE en Irlande, dans les parties méridionales et occidentales de cette île, dans l'année 1805, par sir *John Carr*, trad. de l'angl. par *Keralio-Robert*. 2 vol. in-8. fig. *Paris*, 1809.   9 f. p. 15 f.

VOYAGE à la recherche de La Peyrouse, par *Labillardière*. 2 vol. in-8. 7 f. 5o c. p. 12 f.

VOYAGE de découvertes à l'Océan pacifique du nord, et autour du Monde, durant les années 1790, 1791, 1792, 1793, 1794 et 1795; par le capitaine *G. Vancouvert;* traduit de l'anglais par *Henry.* 5 vol. in-8. et atlas. 20 f. p. 36 f.

VOYAGE à l'embouchure de la mer Noire; par le comte *Andréossy.* 1 vol. in-8. et Atlas in-fol. *Paris,* 1818. 10 f. p. 15 f.

VOYAGE dans l'Empire ottoman, l'Egypte et la Perse, fait par ordre du Gouvernement, pendant les six premières années de la République; par *G. A. Olivier.* 6 vol. in-8. avec atlas de 5o cartes et figures. 3o f. p. 48 f.

VOYAGE à Saint-Pétersbourg, en 1799-1800, fait avec l'ambassade des chevaliers de l'ordre de Saint-Jean de Jérusalem, dans lequel on trouve des notes curieuses sur l'empereur Paul 1er; les comtes Rostopchin, Kutusow, etc. et d'autres personnages célèbres; des parties remarquables sur le gouvernement russe, l'état du commerce de cet empire, le caractère, les mœurs des habitans, etc.; par feu l'abbé *Georgel;* publié par M. *Georgel* neven. 1 vol. in-8. 4 f. p. 6 f.

VOYAGE pittoresque et sentimental en France. Belle édition. 1 vol. in-18. grand-raisin, orné de figures. 1 f. 25 c. p. 2 f.

LIVRES DE JURISPRUDENCE.

ADDITIONS A LA TROISIÈME ÉDITION DU RÉPERTOIRE UNIVERSEL ET RAISONNÉ DE JURISPRUDENCE, par M. le comte *Merlin;* contenant, par ordre alphabétique, tous les articles nouveaux insérés dans la quatrième édition, et formant les tomes XIV, XV, et XVI de la troisième édition; 3 vol. in-4. d'environ 800 pages chacun. 40 f. p. 54 f.

GOTHOFREDI MANUALE JURIS (Manuel de droit), *ubi quatuor sequentia continentur;* 1°. *Juris Romani historia;* 2°. *Bibliotheca;* 3°. *Florilegima sententiarum ex corpore Justinianeo desumptarum;* 4°. *Seria librorum et titulorum in institutionibus, digestis et codice; cujus prima pars ad institutiones pertinens scripta est a* J. F. Berthelot, *in schola juris Parisiensi antecessore accedunt tituli omnes institutionum, digestorum et codicis in sex judices collati; editio nova, accuratior et emendatior.* 1 vol. in-8. Parisiis, 1806. 3 f. p. 5 f.

JURISPRUDENCE DU DROIT FRANÇAIS, ou Application aux cinq Codes, article par article, de toutes les lois, décrets, ordonnances du Roi, avis du conseil d'état, arrêts de la Cour de cassation, etc., avec l'indication des sources où ils ont été puisés, et la corrélation des articles des différens Codes entre eux, terminé par une Table alphabétique; par M. *J. Dufour de Saint-Pathus,* avocat. 1 gros vol. in-12. de plus de 1000 pages. *Paris,* 1822. 6 f. p. 8 f.

JUSTINIANI sacratissimi principiis Institutionum, sive Elementorum juris libri quatuor, cum notis Arnoldi Vinnii. Nouvelle édition, très correcte. 2 vol. in-12. *Paris,* 1808. 4 f. p. 7 f.

LOIS DES BATIMENS ou le nouveau Desgodets, traitant suivant les codes civil et de procédure; par *Lepage.* 2 vol. in-8. *Paris,* 1819. 6 f. p. 9 f.

MANUEL PRATIQUE DES GARDES CHAMPÊTRES, des Gardes forestiers et des Garde-pêches; par *Dufour.* 1 vol. in-12. *Paris,* 1823. 1 f. 5o c. p. 2 f.

NOUVEAU STYLE, ou Manuel des Huissiers, contenant des instructions et des formules pour les divers actes de leur ministère, l'analyse des lois relatives à leurs fonctions, les arrêts des cours, etc.; septième édition entièrement refondue. 1 gros vol. in-12. *Paris* 1820. 3 f. p. 4 f.

PANDECTÆ JUSTINIANEÆ, in novum ordinem digestæ, cum legibus Codicis, et Novellis quæ jus Pandectarum confirmant, explicant aut abrogant. Præfixus est Index titulorum et divisionum omnium, quo totius operis specimen quoddam et quasi materiarum appendix exhibetur : subjecta quoque Tabula, qua nominatim leges omnes cum suis paragraphis et versiculis ordini Digestorum restituuntur. Auctore J. Pothier. 5 gros vol. vol in-4. *Parisiis,* 1818-1820. 54 f. p. 90 f.

APHORISMES de Droit, ou Traduction du Florilegium de *Jacques Godefroy;* par *Cailleau.* 1 vol. in-18. *Paris,* 1809. 1 f. 5o c. p. 2 f. 5o c.

CINQ (les) CODES du royaume, précédés de la Charte, et suivis du Tarif des frais et dépens. Un gros vol. in-12. 2 f. 5o c. p. 4 f. 5o c.

— LE MÊME OUVRAGE. 1 vol. in-18. 1 f. 80 c. p. 3 f.

Séparément :

CODE CIVIL, précédé de la Charte, un vol. in-18, 1 f. p. 1 f. 5o c.

— In-12. 1 f. 5o c. p. 2 f. 5o c.

CODE DE PROCÉDURE, in-18. 60 c. p. 1 f.

— In-12. 80 c. p. 1 f. 25 c.

CODE DE COMMERCE, in-18. 5o c. p. 75 c.

— In-12. 70 c. p. 1 f. 20 c.

CODE D'INSTRUCTION CRIMINELLE, in-18. 40 c. p. 60 c.

— In-12. 60 c. p. 1 f.

CODE PÉNAL, in-18. 40 c. p. 60 c.

— In-12. 60 c. p. 1 f.

CODE de Commerce, accompagné de Notes et Observations; par *Fournel,* jurisconsulte. 1 volume in-8. 2 f. 5o c. p. 4 f.

CODE de Commerce, suivi d'une Table analytique des matières. 1 vol. in-32. 75 c. p. 1 f. 25 c.

DÉCISIONS sommaires du Palais, par *Abraham Lapeyrere.* 2 vol. in-4. 14 f. p. 24 f.

DICTIONNAIRE général de police administrative et judiciaire de la France, contenant la réunion de tous les faits réputés délits ou contraventions; les peines qui leur sont applicables conformément aux lois et ordonnances, etc. ; par *Léopold*. Troisième édition, revue, corrigée, et augmentée. 1 gros vol. in-8. 5 f. p. 7 f.

DROIT public français, ou Histoire des Institutions politiques des Gaulois et des Français, depuis leur établissement dans les Gaules jusqu'à la dernière session des chambres, etc. ; un Commentaire très étendu sur la Charte constitutionnelle, etc. etc.; par *J. B. Pailliet*, auteur du Manuel du droit français. 1 fort vol. in-8. de plus de 1500 pages. *Paris*, 1822. 20 f. p. 24 f.

DROIT public français, ou Code politique, contenant les Constitutions de l'empire avec les Actes qui s'y rattachent ; c'est-à-dire tout ce qui constitue et règle les élections, les grandes dignités, la liberté des cultes, les autorités administratives et judiciaires, etc. etc. 1 gros vol. in-8. carte et portrait. *Paris*, 1809. 5 f. p. 8 f.

ESPRIT (l') du Code Napoléon, par *J. G. Locré*. 5 vol. in-4. *Paris*, 1807. 40 f. p 55 f.

FORME de la Lettre-de-Change et du Billet à ordre, avec celle de l'acceptation et des endossemens ou ordres, d'après le Code de Commerce. Brochure in-8. *Paris*. 40 c. p. 60 c.

FORMULAIRE de tous les actes, tant civils que commerciaux, que l'on peut passer sous seing privé, avec des observations et des notes particulières, en tête de chaque sorte d'acte ; précédé d'une Instruction sur tous les actes en général, sur leurs formalités, leurs effets, leur exécution, et sur les personnes qui peuvent les contracter, huitième édition, revue et augmentée par M. *Léopold*, avocat. 1 vol. in-12. 1 f. 75 c. p. 2 f. 50 c.

GUIDE (le) des Maires, Adjoints de Maires, Secrétaires des communes, Conseils municipaux, Commissaires de police, Officiers de gendarmerie, Gendarmes, Gardes champêtres et Gardes forestiers ; contenant les lois, décrets, ordonnances relatifs à chacun de ces fonctionnaires, présentés dans un ordre méthodique, avec des formules de toutes espèces d'actes du ministère de ces mêmes fonctionnaires publics ; par feu *Léopold*, avocat, huitième édition, revue, corrigée et augmentée. 1 vol. in-12. 2 f. 25 c. p. 3 f.

GUIDE (le) des Officiers de l'état civil, ou Manuel pratique contenant l'exposé méthodique des lois, sur les actes de naissance, de mariage, de divorce, d'adoption et de décès, avec des formules et modèles ; par *Charvillac*, procureur du roi. Nouvelle édition, revue, corrigée et augmentée par *L. Rondonneau*. 1 vol. in-12. 1 f. 25 c. p. 2 f.

LÉGISLATION hypothécaire, ou Recueil complet des Lois et Instructions législatives sur le système hypothécaire ; par *Guichard*, avocat à la cour de cassation. 3 vol. in-8. *Paris* 1810. 8 f. p. 12 f.

MANUEL des frais de justice, par ordre alphabétique des actes judiciaires et extrajudiciaires énoncés en la loi du tarif ; suivi des Taxes qui leur sont propres. Ouvrage nécessaire aux juges, avocats, avoués, notaires, greffiers et huissiers dans toutes les justices, tribunaux, cours royales de France ; par un ancien avocat. 1 volume in-18. *Paris*, 1818. 1 f. p. 1 f. 50 c.

MANUEL des juges de paix, des maires, des adjoints de maire et des commissaires de police, avec les formules des différens actes et jugemens pour l'exacte et facile exécution des deux codes d'instruction criminelle et pénale, par *Dufour*.

Quatrième édition, revue et corrigée. 1 volume in-12. 1 f. 75 c. p. 2 f. 50 c.

MANUEL des jurés, contenant le texte du titre second du livre II du code d'instruction criminelle, relatif aux affaires qui doivent être soumises aux juges, avec une Table chronologique et alphabétique des matières, par *L. Rondonneau*. 1 vol. in-18. 90 c. p. 1 f. 25 c.

NOUVEAU (le) Dunod, ou Traité des prescriptions de ce célèbre auteur, mis en concordance avec la législation actuelle ; par *de Laporte*, auteur des Pandectes françaises, etc. 1 volume in-8. *Paris*, 1810. 4 f. 50 c. p. 6 f.

NOUVEAU (le) Furgole, ou Traité des testamens, des donations entre vifs et de toutes autres dispositions à titre gratuit, mis en rapport avec les Principes du Code civil, les Arrêts de la cour de cassation, et appliqué à des formules générales, etc. etc. ; par *Desquiron*, jurisconsulte, auteur de l'Esprit des Institutes. 2 vol. in-4. *Paris*, 1810. 20 f. p. 30 f.

NOUVEAU (le) Valin, ou Code commercial maritime, accompagné du Commentaire de Valin sur les dispositions de l'ordonnance de la marine, de la Doctrine d'Emérigon sur les Contrats d'assurance, de Formules des Contrats maritimes, actes, rapports, etc. ; par *Sanfourche*, *Laporte* et *Boucher*. 1 vol. in-4. *Paris*. 1809. 12 f. p. 18 f.

PÉTITIONNAIRE (le), ou le Guide des Personnes qui ont à présenter des pétitions, requêtes, mémoires, au Roi, aux Princes, etc., troisième édition, revue et augmentée, par *Léopold*, avocat. 1 vol. in-12. 1 f. 50 c. p. 2 f.

PORTION disponible, ou Traité de la portion des biens dont on peut, suivant le Code civil, disposer, à titre gratuit, au préjudice de ses héritiers, avec une Dissertation sur l'époque à laquelle les lois commencent à devenir obligatoires ; par *Levasseur*. 1 vol. in-8. 3 f. p. 5 f.

PRÉCIS de la science notariale, contenant la formule de tous les actes notariés, la solution d'environ quatre mille questions de droit ; le tout d'après les lois, ordonnances ; par M. *Delmas de Terregaye*, notaire. 1 vol. in-8. 1820. 4 f. 50 c. p. 6 f.

TRAITÉ de la Communauté ; par *Pothier*. 1 gros vol. in-8. *Paris*, *Beaucé*, 1819. 5 f. p. 7 f.

TRAITÉ du Contrat de louage, bail à rente et constitution de rente. 1 gros vol. in 8. de 1000 pages. *Paris*, *Beaucé*, 1818. 6 f. p. 8 f.

TRAITÉ des Obligations ; par le même. 1 gros vol. in-8. *Paris*, *Beaucé*, 1818. 5 f. p. 7 f.

TRAITÉ des Contrats de bienfaisance, par le même. Nouvelle édition. 2 vol. in-8. 7 f. p. 10 f.

TRAITÉ du Contrat de change, par le même. Nouvelle édition. 1 vol. in-8. 3 f. 50 c. p. 5 f.

TRAITÉS divers sur les successions, par le même. Nouvelle édition. 2 vol. in-8. 7 f. p. 10 f.

TRAITÉ des Donations entre vifs ; par *Guilhon*, procureur du roi. 3 vol. in-8. 1818. 12 f. p. 18 f.

TRAITÉ des attributions des juges de paix et de leurs différentes fonctions ; par *Barbedette Chermelais*. 1 vol. in-8. *Paris*, 1810. 4 f. p. 6 f.

TRAITÉ de la Mort civile en France, par *A. T. Desquiron de Saint-Aignan*. 1 gros vol. in-8. *Paris*, 1822. 4 f. 50 c. p. 7 f.

LIVRES DE PIÉTÉ ET DE THÉOLOGIE.

ABRÉGÉ des Vies des Pères et des Martyrs, et des autres principaux Saints, par *Godescard;* précédé d'une Notice sur la Vie et les Écrits de l'auteur. 4 gros vol. in-12. 1824.   8 f. p. 12 f.

ÉCOLIER (l') VERTUEUX, ou Vie édifiante d'un Écolier de l'Université de Paris; suivi de la Vie du duc de Bourgogne; par l'abbé *Proyart.* 1 vol. in-18. 1823.   1 f. p. 1 f. 50 c.

ÉTRENNES (petites) SPIRITUELLES, contenant l'Office de tous les dimanches et fêtes de l'année, à l'usage de Rome et de Paris. Jolie édition. 1 vol. in-32. orné de 4 fig.   1 f. 50 c. p. 2 f. 50 c.

MORCEAUX CHOISIS DE BAUDRAND, etc.; précédés d'une Notice sur Baudrand, par *Feller.* 1 vol. in-18. orné d'un joli portrait. *Paris*, 1823.   1 f. 25 c. p. 2 f.

MORCEAUX CHOISIS DE BOSSUET, etc., par l'abbé *Rolland,* précédés d'une Notice, par *Feller,* et du jugement du cardinal Maury et de M. de Châteaubriand sur cet orateur. 1 vol. in-18. orné d'un joli portrait. *Paris,* 1822.   1 f. 20 c. p. 1 f. 80 c.

MORCEAUX CHOISIS DE BOURDALOUE, etc., par l'abbé *Rolland,* précédés d'une Notice sur Bourdaloue, par *Feller,* et du jugement du cardinal Maury sur cet orateur. 1 volume in-18. orné d'un joli portrait. *Paris,* 1822.   1 f. 20 c. p. 1 f. 80 c.

MORCEAUX CHOISIS DE FÉNÉLON, par M. l'abbé *Rolland,* précédés d'un Éloge de Fénélon, par *Laharpe,* et du jugement du cardinal de Beausset sur Fénélon. 1 vol. in-18. orné d'un joli portrait. *Paris,* 1822.   1 f. 20 c. p. 1 f. 80 c.

MORCEAUX CHOISIS DE FLÉCHIER, etc., par l'abbé *Rolland,* précédés d'une Notice sur la vie de Fléchier, par *Feller.* 1 vol. in-18. orné d'un joli portrait. *Paris,* 1822.   1 f. 25 c. p. 2 f.

MORCEAUX CHOISIS DE FLEURY, etc., par l'abbé *Rolland,* précédés d'une Notice sur la vie de Fleury, par *Feller.* 1 vol. in-18. orné d'un joli portrait. *Paris,* 1822.   1 f. 25 c. p. 2 f.

MORCEAUX CHOISIS DE MASSILLON, etc., par l'abbé *Rolland,* précédés d'une Notice sur Massillon, par *Feller,* et du jugement de divers écrivains sur cet orateur. 1 vol. in-18. orné d'un joli portrait. *Paris,* 1822.   1 f. 20 c. p. 1 f. 80 c.

ŒUVRES CHOISIES DE BOSSUET. Nouvelle édition. 5 gros vol. in-8. de plus de 1000 pages, ornés d'un superbe portrait de Bossuet. *Paris,* 1821.   30 f. p 50 f.

Cet ouvrage contient : Politique tirée de l'Écriture sainte, Discours sur l'Histoire universelle, de l'Instruction de monseigneur le Dauphin, Connaissance de Dieu et de soi-même, Libre Arbitre, Abrégé de l'Histoire de France, Élévations à Dieu, sur tous les Mystères de la Religion, Opuscules de Piété et de Morale, Méditations sur l'Évangile, Sermons pour l'Avent et le Carême.

On vend séparément :

— INSTRUCTION (de l') DE MONSEIGNEUR LE DAUPHIN, Connaissance de Dieu et de soi-même, Libre Arbitre. 1 vol. in-8. *Paris*, 1820.   2 f. 25 c. p. 4 f.

— LE MÊME OUVRAGE, papier vélin.   4 f. p. 7 f.

— OPUSCULES. 1 vol. in-8.   2 f. 25 c. p. 4 f.

— SERMONS POUR L'AVENT ET LE CARÊME. Nouvelle édition. 2 parties en un gros vol. in-8. *Paris,* 1821.   6 f. p. 10 f.

— LE MÊME OUVRAGE, papier vélin.   9 f. p. 15 f.

— SERMONS POUR LE CARÊME. 1 vol. in-8. 1821.   4 f. p. 7 f.

ŒUVRES COMPLÈTES DE BOURDALOUE. Nouvelle édit. 22 vol. in-12. *Paris,* 1825.   36 f. p. 55 f.

— LES MÊMES, 22 gros vol. in-18.   25 f. p. 40 f.

ŒUVRES DE F. S. DE LAMOTHE FÉNÉLON. Nouvelle édition, mise dans un nouvel ordre, revue et corrigée avec le plus grand soin, précédée d'un Essai sur la personne et les Écrits de Fénélon, et suivie de son Éloge historique, par *Laharpe.* 10 vol. in-12. portrait.   20 f. p. 30 f.

ŒUVRES COMPLÈTES DE MASSILLON. 14 vol. in-12. Nouvelle édition. *Paris,* 1824.   27 f. p. 42 f.

— LES MÊMES, 14 gros vol. in-18.   17 f. 50 c. p. 24 f.

ORATEURS (les) CHRÉTIENS, ou Choix des meilleurs Discours prononcés dans les églises de France, depuis Louis XIV jusqu'à nos jours. *Paris,* 1820, 1822. 22 vol. in-8. ornés des portraits de *Bourdaloue, Massillon, Bossuet, Fénélon,* et *Fléchier.*   100 f. p. 132 f.

ABRÉGÉ de l'Histoire et de la morale de l'ancien Testament, par *Mésenguy.* Belle édit. 1 gros vol. in-12. *Paris,* 1823.   2 f. p. 3 f.

ABRÉGÉ de la Pratique de la perfection chrétienne, tiré des Œuvres du R. P. Alphonse Rodriguez, de la compagnie de Jésus ; par le P. *J. Tricalet,* directeur du séminaire de Saint-Nicolas-du-Chardonnet. 2 vol. in-12.   3 f. p. 5 f.

ADÉLAIDE DE WITSBURY, ou la pieuse Pensionnaire, avec sa retraite spirituelle de huit jours, par *Michel-Ange Marin.* 1 vol. in-12. *Paris.*   1 f. 75 c. p. 2 f. 50 c.

AME (l') affermie dans la foi, et prémunie contre la séduction de l'erreur, par l'abbé *Baudrand.* 1 vol. in-12. 1821.   1 f. 25 c. p. 2 f.

AME élevée à Dieu par les réflexions et les sentimens, pour chaque jour du mois ; suivie de l'Ame pénitente, ou le Nouveau Pensez-y-bien ; par le même. 2 vol. in-12.   2 f. 50 c. p. 4 f. 50 c.

AME élevée à Dieu, suivie de l'Ame pénitente ; par le même. 1 vol. in-12.   1 f. 50 c p. 2 f. 50 c.

AME embrasée de l'amour divin, suivie de la Neuvaine aux sacrés cœurs de J. C. et de Marie. 1 vol. in-12.   1 f. 25 c p. 2 f.

AME (l') sanctifiée par la perfection de toutes les actions de la vie, par le même. Edition augmentée de la Pratique de Piété devant le Saint-Sacrement. 1 vol. in-12. *Lyon*, 1821.　　1 f. 25 c. p. 2 f.

ANGE conducteur dans la dévoion chrétienne, réduite en pratique en faveur des âmes dévotes, par le R. P. *Coret*. 1 gros vol. in-12. *Lyon*, 1823.　　1 f. 50 c. p. 2 f. 50 c.

ANGE (nouvel) conducteur, ou Recueil de Prières les plus propres à inspirer la dévotion. 1 vol. in-12. gros caractère.　　1 f. 25 c. p. 2 f.

ANGE (nouvel) conducteur, ou Recueil de Prières le plus propres à inspirer de la dévotion. 1 volume in-18. fig. gros caractère.　　40 c. p. 60 c.

ANGE (le petit) conducteur, contenant les Offices, Vêpres, Hymnes et Prières, en latin et en français; jolie édition encadrée. 1 vol. in-32. fig. pap. vélin, 1822.　　1 f. 25 c. p. 2 f.

ANNÉE chrétienne, contenant l'explication des Epitres et Evangiles pour les dimanches et fêtes de l'année, par *Le Tourneux*. Nouvelle édition. 6 vol. in-12. *Paris*.　　8 f. p. 15 f.

BIBLE de Royaumont, avec des Explications édifiantes tirées des saints Pères pour régler les mœurs dans toutes sortes de conditions. Bonne édition. 1 vol. in-12.　　1 f. 25 c. p. 2 f.

BIBLE du jeune âge, ou Abrégé de l'Histoire sainte, par l'abbé *Fleury*. 1 vol. in-12. orné de 36 planches représentant plus de 100 sujets édifians, et 3 cartes géographiques.　　2 f. 25 c. p. 3 f. 50 c.

BIBLIOTHÈQUE religieuse, politique et littéraire. 4 vol. in-12. *Paris*, 1819.　　8 f. p. 12 f.

CANTIQUES de Saint-Sulpice, ou Opuscules lyriques sur différens sujets de piété; nouvelle édition plus complète que toutes les précédentes. 1 vol. in-18. fig. *Paris*, 1825.　　1 f. p. 1 f. 50 c.
— LE MÊME OUVRAGE, avec une Collection des airs notés pour chaque cantique, gravée avec soin. 1 vol. in-18. *Paris*, 1825.　　2 f. p. 2 f. 50 c.
— LE MÊME OUVRAGE, même édition. 1 vol. in-12. sans les airs notés.　　1 f. 75 c. p. 2 f. 50 c.
— Avec les airs notés.　　2 f. 25 c. p. 3 f.

CARACTÈRES de la vraie Dévotion, par l'abbé *Grou*; suivies de la Paix de l'Ame. 1 vol. in-24. *Lyon*, 1822.　　40 c. p. 60 c.

CATÉCHISME raisonné sur les fondemens de la foi, par *Aimé*; nouvelle édition à laquelle on a joint des Lettres de *Fénélon* sur la religion. 1 vol. in-12. petit papier, 1816.　　60 c. p. 1 f.

CATÉCHISME philosophique, ou Recueil d'Observations propres à défendre la religion catholique contre ses ennemis; par l'abbé *de Feller*. Belle édition. 2 forts vol. in-8. portraits. *Lyon*, 1819.　　10 f. p. 15 f.

CATÉCHISME historique, contenant, en abrégé, l'Histoire sainte et la doctrine chrétienne; par l'abbé *Fleury*, prêtre, prieur d'Argenteuil et confesseur du roi. 1 vol. in-12. *Paris*.　　1 f. 25 c. p. 2 f.
— LE MÊME ouvrage, à l'usage des écoles. 1 volume in-18.　　30 c. p. 50 c.

CÉRÉMONIES des grandes et petites Messes, avec les Messes solennelles du Pape, des Evêques, des Morts, et la conduite qu'on doit tenir à l'Eglise, par l'abbé *Bannier*. Belle édition. 1 vol. in-12. orné de 35 figures.　　2 f. 75 c. p. 4 f.

CHEMIN du ciel. Jolie édition encadrée. 1 volume in-32.　　30 c. p. 50 c.

CHOIX des meilleurs morceaux de *Bossuet*. 1 vol. in-12. 1822.　　1 f. 50 c. p. 2 f. 25 c.

CONDUITE pour l'Avent, par *Avrillon*. 1 vol. in-12.　　1 f. 50 c. p. 2 f. 50 c.

CONDUITE pour le Carême, par le même. 1 vol. in-12.　　1 f. 50 c. p. 2 f. 50 c.

CONDUITE pour la Pentecôte, par le même. 1 vol. in-12.　　1 f. 50 c. p. 2 f. 50 c.

CONNOISSANCE de Jésus-Christ (de la), avec des élévations sur chaque mystère de Jésus - Christ. 2 forts vol. in-12. *Paris*, 1822.　　4 f. p. 6 f.

COURONNE (la) de l'année chrétienne, ou Méditations sur les principales et les plus importantes vérités de l'Evangile de J. C., par *L. Abelly*, nouvelle édition. 2 vol. in-12.　　3 f. 25 c. p. 5 f.

DEMONSTRATION de l'existence de Dieu, suivie de lettres sur la religion, par *Fénélon*. Belle édition. 1 vol. in-12. *Paris*, 1822.　　2 f. p. 3 f.

DEVOIRS (les) du chrétien envers Dieu et les moyens de pouvoir s'en acquitter, par *J. B. de la Salle*, bonne édit. 1 vol. in-12. 1820.　　1 f. p. 1 f. 50 c.

DIEU est l'amour le plus pur, ma prière et ma contemplation, par *Eckartzhausen*, nouvelle édition, augmentée de la messe, des vêpres, etc. 1 vol. in-18. 1822.　　1 f. p. 1 f. 50 c.

DIEU seul, ou Association pour l'intérêt de Dieu seul, par *Henri-Marie Boudon*. 1 vol. in-24. 1817.　　50 c. p. 75 c.

DIEU présent partout, par *Boudon*. 1 vol. in-24. *Paris*.　　50 c. p. 75 c.

DOCTRINE chrétienne, en forme de lectures de piété, où l'on expose les preuves de la religion, les dogmes de la foi, les règles de la morale et ce qui concerne les sacremens et la prière, par *Lhomond*. 1 vol. in-12. 1822.　　1 f. 50 c. p. 2 f. 50 c.

ENFER (l') révélé à la sœur de la Nativité, à l'usage des justes et des pécheurs. In-12. 1821. 20 c. p. 30 c.

EPITRES et Évangiles des dimanches et fêtes de l'année, de l'Avent, du Carême et des autres grandes fêtes, avec des réflexions, la messe, les vêpres, etc. 1 fort vol. in-12.　　1 f. 50 c. p. 2 f. 50 c.

ÉPITRES et Évangiles pour les dimanches et fêtes de l'année, précédées des prières du matin et du soir, des prières durant la messe; suivies des vêpres et complies du dimanche, etc. 1 vol. in-18. avec 15 figures en bois. *Paris*, 1819.　　90 c. p. 1 f. 50 c.
— LE MÊME ouvrage, à l'usage des écoles. 1 volume in-18.　　50 c. p. 75 c.

ESPRIT du christianisme, ou la Conformité du chrétien avec Jésus-Christ; par le père *Nepveu*. 1 vol. in-12. 1821.　　1 f. 50 c. p. 2 f. 50 c.

ESPRIT (l') consolateur, par l'auteur de l'Imitation de la Vierge. 1 vol. in-12. 1820. 1 f. 50 c. p. 2 f. 50 c.

ESPRIT du Sacerdoce, ou Recueil de réflexions sur les devoirs des prêtres. 2 gros vol. in-12. *Paris*, 1818.　　4 f. 25 c. p. 6 f.

EXCELLENCE (de l') de la dévotion au Cœur de Jésus-Christ, par le P. *Joseph de Galliffet*. Sixième édition, revue et augmentée. 2 vol. in-12. figures. *Paris*, 1819.　　5 f. p. 7 f. 50 c.

EXERCICE de piété pour la communion; par *Griffet*. 1 vol. in-12. 1818.　　1 f. 25 c. p. 2 f.
— LE MÊME OUVRAGE, 1 vol. in-18. gros caractère, 1818.　　1 f. p. 1 f. 50 c.

EXPLICATION des Évangiles des dimanches et des principales fêtes de l'année, par M. *de La Luzerne*, évêque de Langres. Nouvelle édition, avouée par l'auteur. 4 vol. in-12. 1821.　　7 f. p. 12 f.

FORMULAIRE de prières, à l'usage des élèves des religieuses Ursulines, avec la vie de saint Angèle. 1 gros vol. in-12. fig. 1 f. 75 c. p. 2 f. 50 c.

GRADUEL de Paris, noté pour les dimanches et les fêtes de l'année. 1 fort vol. in-12. de 900 pages. *Paris*, 1822. 4 f. 25 c. p. 6 f.

HÉROS (les) Chrétiens, ou les Martyrs du Sacerdoce, Recueil de traits sublimes et de dévouement des ministres du culte catholique ; par l'abbé *Dubois*. 1 gros vol. in-12. figures. 2 f. 25 c. p. 3 f.

HEURES de cour. Jolie édition, encadrée. 1 volume in-32. 30 c. p. 50 c.

HEURES des Dames, dédiées à la Duchesse. 1 vol. in-32. orné de 4 figures. 75 c. p. 1 f. 25 c.

HEURES dédiées aux Dames, contenant les Offices des dimanches et des principales fêtes de l'année, en latin et en français ; jolie édition. 1 vol. in-32. orné de 4 fig. pap. vélin. 1 f. p. 1 f. 50 c.

HEURES françaises, à l'usage des Dames, contenant les Offices qui se disent toute l'année. 1 vol. in-18, gros caractères. *Paris*, 1825. 50 c. p. 75 c.

HEURES (petites) des Demoiselles, en latin et en français. 1 vol. in-32. fig. 50 c. p. 75 c.

HEURES (petites) des jeunes Chrétiens. Jolie édit. 1 vol. in-32. fig. 90 c. p. 1 f. 25 c.

HEURES divines, contenant les prières, offices, etc. des principales fêtes de l'année. Jolie édition, papier fin, 1 vol. in-32. figures. 75 c. p. 1 f. 25 c.

HEURES nouvelles en français, en gros caractères (dites *Heures aux aveugles*) ; précédées d'un exercice du chrétien, et suivies des sept psaumes de la pénitence, des litanies des Saints, des vêpres, etc. 1 fort vol. in-12. 1 f. 20 c. p. 2 f.

HEURES nouvelles, qui enseignent le chemin du Ciel, contenant les Offices et les Prières qui se disent dans l'église pendant le cours de l'année, en français et en latin. 1 vol. in-18. figures. 1822. 75 c. p. 1 f. 25 c.

HEURES Royales, contenant les Prières et Offices des principales fêtes de l'année ; augmentées des méditations pour tous les jours du mois. Jolie édition. Papier fin. 1 vol. in-32. figures. 75 c. p. 1 f. 25 c.

HISTOIRES édifiantes et curieuses, par l'abbé *Baudrand*. 1 vol. in-12. 1820. 1 f. 20 c. p. 2 f.

HISTOIRE de la Vie édifiante de madame Louise-Marie de France, tante du Roi, morte religieuse carmélite, à Saint-Denis, le 23 décembre 1787. 1 vol. in-12. 1817. 1 f. 25 c. p. 2 f.

IMITATION de Jésus-Christ, nouv. trad., deuxième édit., augmentée de la citation des textes de l'Écriture sainte. 1 volume in-8. beau papier. *Dijon*; 1821. 1 f. 50 c. p. 2 f. 50 c.

IMITATION de Jésus-Christ, avec une pratique et une Prière à la fin de chaque chapitre ; les sept Psaumes de la pénitence, etc. ; par *Gonnelieu*. 1 vol. in-12. 1815. 1 f. 50 c. p. 2 f. 50 c.

IMITATION de Jésus-Christ ; par *Gonnelieu*, avec pratiques et prières, l'oraison mentale, etc. Jolie édition. 1 vol. in-24. 1823. 90 c. p. 1 f. 50 c.
— LE MÊME OUVRAGE, papier vélin, orné de 5 fig. 1 f. 75 c. p. 2 f. 50 c.

INSTRUCTION sur le chemin de la croix, avec les Pratiques de cette dévotion, dédiée à la très sainte Vierge, augmentée des Oraisons sur les sept stations de la Passion, de Prières pendant la messe,

et des Vêpres du dimanche. 1 vol. in-18. de 178 pag. *Paris*, 1821. 50 c. p. 75 c.

INSTRUCTIONS chrétiennes pour les jeunes gens, mêlées de plusieurs traits d'histoire et d'exemples édifians. 1 vol in-12. 90 c. p. 1 f. 50 c.

INSTRUCTIONS pour la Première communion ; par *Regnault*. 1 vol. in-18. 75 c. p. 1 f. 25 c.

INSTRUCTIONS pour la confirmation, avec des Exhortations pour deux jours de retraite, l'examen des péchés, etc. ; par *Regnault*. 1 volume in-18. 1822. 1 f. p. 1 f. 50 c.

INSTRUCTIONS sur les fonctions du Ministère pastoral, par l'évêque de Toul. Nouvelle édition, 5 vol. in-12. 1820. 7 f. p. 12 f. 50 c.

INSTRUCTIONS pour un pécheur touché de Dieu qui veut se convertir. Bonne édition. 1 vol. in-12. 1820. 1 f. 25 c. p. 2 f.

JOURNÉE du Chrétien, sanctifiée par la prière et la méditation, en latin et en français. 1 volume in-18. 1819. 90 c. p. 1 f. 50 c.
—LE MÊME OUVRAGE. Jolie édition, très complète, 1 vol. in-24. 75 c. p. 1 f. 25 c.

JOURNÉE (la) du Chrétien, sanctifiée par la prière et la méditation, édition encadrée. 1 vol. in-24. *Tulle*, 1814. 50 c. p. 75 c.

JOURNEE (petite) du Chrétien, édition encadrée. 1 vol. in-32. 30 c. p. 50 c.

LIVRE (le) d'Or, ou l'Humilité en pratique, instructions utiles à tous les fidèles ; augmenté de 160 Maximes chrétiennes. 1 vol. in-24. *Paris*, 1823. 50 c. p. 75 c.

LIVRE de Prières (le) de Fénélon, ou le Fidèle adorateur, augmenté de beaucoup de Prières. Jolie édition. 1 volume in-18. figure et titre gravés. 1821. 1 f. p. f. 50 c.
—LE MÊME OUVRAGE, papier vél. 1 f. 75 c. p. 2 f. 50 c.

MANUEL d'une mère chrétienne, ou nouvelles Lectures chrétiennes en forme d'instructions familières sur les Epîtres et les Evangiles des dimanches et des principales fêtes de l'année ; par M. l'abbé *Lecuy*. 2 vol. in-12. ornés de 50 vignettes en taille-douce. *Paris*, 1822. 5 f. p. 7 f.

MÉDITATIONS sur les Évangiles de l'année, et pour les fêtes de Notre-Seigneur, de la sainte Vierge et des Saints ; par le révérend P. *Médaille*. 1 vol. in-18. 90 c. p. 1 f. 50 c.

MÉTHODE pour la direction des âmes dans le tribunal dé la pénitence et dans le gouvernement des paroisses ; nouvelle édition. 2 vol. in-12. *Paris*, 1823. 3 f. 25 c. p. 5 f.

MISSIONNAIRE paroissial, ou Prônes pour tous les dimanches de l'année, avec une Méthode pour les faire servir à un dessein de Mission ; par *Chevassu*. 4 vol. in-12. 6 f. p. 10 f.

MŒURS des Israélites et des Chrétiens, par *Fleury*. 1 vol. in-12. 1 f. 50 c. p. 2 f. 50 c.

MOIS (le) de Marie, ou le Mois de Mai, consacré à la mère de Dieu ; suite de méditations, de prières et d'exemples à l'honneur de la sainte Vierge ; par *F. La-Lomia*. Jolie édition. 1 vol. in-32. *Paris*, 1822. 45 c. p. 75 c.

NOUVEAU (le) Testament, avec les Actes des Apôtres ; traduit en français par *Sacy* ; orné de 112 planches très belles, gravées sur les dessins de *Moreau jeune*. 2 vol. in-8. 21 f. p. 36 f.

NOUVEAU (le) Testament de N. S. J. C., traduit sur la Vulgate, par *Le Maistre de Sacy*. In-8. relié en veau *Paris*, 1817. 4 f. p. 6 f.

NOUVEAU (le) Testament de N. S. Jésus-Christ, traduit en français par *Mesenguy*. 1 vol. in-12. *Clermont*, 1820. 1 f. 80 c. p. 3 f.

NOVUM Testamentum. 1 volume in-18. *Paris*, 1823. 1 f. 50 c. p. 2 f. 50 c.

NOVUM TESTAMENTUM. Bonne édition. 1 vol. in-24. 1 f. p. 1 f. 50 c.

NOVUM Testamentum. Jolie édition. 1 vol. in-32. fig. et titre gravé. 1 f. 20 c. p. 2 f.

ŒUVRES spirituelles de Fénélon. Nouvelle édition, à laquelle on a joint la Démonstration de l'existence de Dieu et ses Lettres sur la religion. 4 vol. in-12. *Paris*, 1821. 8 f. p. 12 f.

ŒUVRES de sainte Thérèse; traduites en français par *Arnault d'Andilly*. 6 vol. in-12. portrait. *Lyon*, 1818. 12 f. p. 18 f.

ORAISONS funèbres de Bossuet. 1 vol. in-18. *Paris*, 1823. 1 f. p. 1 f. 50 c.

ORAISONS funèbres de Fléchier, belle édition. 2 volumes in-18. 2 f. p. 3 f.

ORAISONS funèbres choisies de Mascaron, Bourdaloue, Larue et Massillon. Jolie édition. 1 vol. in-18. 1 f. p. 1 f. 50 c.

PAROISSIEN (petit) des Demoiselles, contenant l'Office des dimanches et des fêtes selon l'usage de Paris. 1 vol. in-24. orné de 8 gravures. *Paris*, 1822. 1 f. 20 c. p. 1 f. 80 c.

PAROISSIEN (nouveau), contenant l'Office des dimanches et fêtes, en latin et en français, selon l'usage de Paris; augmenté d'un Abrégé de la foi et des prières pour les principales circonstances de la vie. 1 vol. in-18. sur carré fin d'Angoulême, orné de 8 belles gravures. *Paris*, 1822. 2 f. p. 3 f.

— Le même ouvrage. 1 vol. in-24. avec les mêmes gravures. *Paris*, 1821. 1 f. 50 c. p. 2 f. 25 c.

PAROISSIEN complet, contenant en latin l'Office des dimanches et fêtes, suivant le nouveau Bréviaire et Missel de Paris et de Rome. 1 vol. in-24. *Paris*, 1821. 80 c. p. 1 f. 25 c.

— Le même ouvrage, orné de 4 jolies gravures. 1 vol. in-24. *Paris*, 1821. 1 f. 25 c. p. 2 f.

PAROISSIEN romain, contenant l'Office divin des dimanches et fêtes, en latin et en français, propre aux personnes qui n'ont pas changé de Bréviaire, et qui suivent l'usage de Rome. 1 fort vol. in-18. *Paris*, 1821. 1 f. p. 1 f. 50 c.

— Le même ouvrage. 1 vol. in-18. orné de 7 jolies gravures en taille-douce. 2 f. p. 3 f.

PAROISSIEN des Dames, contenant l'Office des dimanches et fêtes, en latin et en français, selon l'usage de Paris, augmenté de l'*Attende* et de l'*Adoremus*. 1 vol. in-24. avec gravures. *Paris*, 1822. 1 f. p. 1 f. 50 c.

PAROISSIEN (petit) des deux Sexes, à l'usage de Rome et de Paris. 1 vol. in-32. fig. et titre gravé. *Paris*, 1820. 70 c. p. 1 f. 25 c.

PENSÉES sur les plus importantes vérités de la religion; par *Humbert*, 1 vol. in-12. 1 f. 25 c. p. 2 f.

PETIT CARÊME de Massillon. Jolie édition. 1 vol. in-12. 1 f. 25 c. p. 2 f.

PETIT CARÊME de Massillon. Belle édition. 1 vol. in-18. orné du portrait de Massillon. *Paris*, 1823. 1 f. 20 c. p. 1 f. 80 c.

PETIT CARÊME de Massillon. 1 vol. in-18. *Paris*, 1818. 1 f. p. 1 f. 50 c.

PIEUSE (la) Paysanne, ou la Vie de Louise Deschamps, nouvelle édition. 1 vol. in-12. *Lyon*, 1824. 1 f. 25 c. p. 2 f.

PLAINTES et Complaisances du Sauveur où se trouve une méditation pour chaque jour de l'année, et une sentence tirée dudit jour, nouvelle édition. 1 vol. in-32. fig. 75 c. p. 1 f. 25 c.

POLITIQUE chrétienne et Variétés morales et littéraires. 2 vol. in-8. *Paris*, 1816. 6 f. p. 10 f.

PRIÈRES et Instructions chrétiennes, par le P. *N. Sanadon*. 1 vol. in-18. 1822. 1 f. p. 1 f. 50 c.

PRONES sur le Sacrifice de la Messe, par *Badoir*. 3 vol. in-12. *Paris*. 4 f. 50 c. p. 7 f. 50 c.

PSAUTIER, en français, traduction nouvelle, avec des notes pour l'intelligence du texte, et des argumens à la tête de chaque psaume, précédé d'un discours sur l'esprit des livres saints et le style des prophètes; par *Laharpe*. Jolie édition. 1 vol. in-12. 2 f. p. 3 f.

PSAUTIER de la Sainte Vierge, composé par *S. Bonaventure*, traduit par *Gallifet*; vingtième édit. 1 vol. in-18. 1 f. p. 1 f. 50 c.

RÉFLEXIONS spirituelles du P. Berthier. Nouvelle édition, augmentée du texte de l'Apôtre saint Paul sur la première épître aux Corinthiens. 5 gros vol. in-12. 9 f. p. 15 f.

RELATION des faits miraculeux, concernant la révérende mère Emmerich, religieuse du Couvent des Augustines en Westphalie, avec les témoignages qui constatent ces faits subsistans depuis onze années. In-8. figures. *Paris*, 1820. 60 c. p. 1 f.

RELIGION (la) et la Grâce; par *L. Racine*. 1 vol. in-8. portrait, 1820. 3 f. 50 c. p. 5 f.

— Le même ouvrage. papier vélin. 5 f. p. 8 f.

RELIGION (la) poëme, par *L. Racine*, avec des tragédies d'Esther et d'Athalie, les poëmes de Ruth et de Tobie, 1 vol. in-18. 1 f. p. 1 f. 50 c.

RELIGION (la), poëme, suivi de quelques fragmens sur la Grâce; par *Louis Racine*. 1 volume in-18. 1 f. p. 1 f. 50 c.

SCIENCE (la) du Crucifix, ou l'orme de Méditation; par le révérend P. *Pierre Marie*; nouvelle édition. 1 vol. in-18. 1822. 75 c. p. 1 f. 25 c.

SENTENCE pratique appliquée pour soi ou pour autrui. Nouvelle édition augmentée. 1 vol. in-32. *Paris*, 1818. 25 c. p. 40 c.

SERMONS, Panégyriques et Discours sur divers sujets de Religion et de Morale, par l'abbé *Feller*. 2 vol. in-8. portrait. 1819. 10 f. p. 15 f.

SOUFFRANCES de Notre Seigneur Jésus-Christ, ouvrage écrit en portugais, par le P. *Thomas de Jésus*, de l'ordre des Hermites de Saint-Augustin, traduit en français par le P. *Allaume*. Belle édition. 3 vol. in-12. 5 f. p. 7 f. 50 c.

TABLEAUX et Ordinaire de la messe, avec prières du matin et du soir, litanies de Jésus, de la Vierge et des Saints, les sept psaumes de la Pénitence, vêpres et complies, oraisons de sainte Brigitte, prières pour la confession et la communion. etc. etc., ornés de 37 planches représentant toutes les cérémonies de la messe. Nouvelle édition. In 32. de 200 pages. *Lyon*. 1821. Le cent. 18 f. p. 30 f.

THÉODULE, ou l'Enfant de bénédiction; par *M. Marin*. 1 vol. in-18. 1821. 60 c. p. 1 f.

— Le même, orné de 4 jolies fig. et d'un titre gravé. 1 vol. in-18. *Paris*, 1823. 1 f. p. 1 f. 50 c.

HÉROINES Chrétiennes (les), par l'abbé Reyre. in-18. pap. fin, 4 gravures, et titre gravé. *Paris*, 1825. 1 f. 50 c. p. 2 f. 25 f.

VIES des saintes Femmes, des Martyres et des Vierges, pour tous les jours de l'année; pour faire

(26)

suite à la Vie des Pères et des martyrs, par *Godescard*. 3 vol. in-8. ornés de 5 belles fig. représentant
29 sujets. *Paris*, 1822.   14 f. p. 18 f.
ABRÉGE du même ouvrage. 2 vol. in-12. avec 3 grav.
représentant 18 vignettes.   5 f. 50 c. p. 8 f.
VIE de madame la Dauphine, mère de S. M.
Louis XVIII, par l'abbé *Sicard*. 1 vol. in-12.
1822.   1 f. 50 c. p. 2 f. 50 c.
VISITES au Saint-Sacrement et à la sainte Vierge,
pour chaque jour du mois; par *Alphonse de Li-
guori*, traduit en français sur la quinzième édit.
1 vol. in-18. 1822.   90 c. p. 1 f. 50 c.

LIVRES PROTESTANS.

ABRÉGÉ de l'Histoire sainte et du Catéchisme, par
Ostervald. Edition revue et corrigée. 1 vol. in-12.
Nismes, 1822.   85 c. p. 1 f. 25 c.
CONSOLATIONS (les) de l'Ame fidèle contre les
frayeurs de la mort, avec les dispositions et pré-
parations nécessaires pour bien mourir; par *Dre-
lincourt*; nouvelle édit., augmentée. 1 vol. in-8.
1819.   3 f. 25 c. p. 5 f.
DEVOIRS (les) d'un Communiant; par *Ostervald*,
où l'on a joint la conduite du Chrétien; nouvelle
édition, augmentée par *Vincent*. 1 volume in-12.
1815.   75 c. p. 1 f. 25 c.
INSTRUCTIONS chrétiennes, par *Vernet*; quatrième édit., augmentée d'une Table des matières,
et d'une notice sur la Vie et les Écrits de l'auteur;
par deux Pasteurs de l'Église de Genève. 5 volumes
in-12.   6 f. p. 10 f.
MORCEAUX d'éloquence extraits des sermons des
orateurs protestans français les plus célèbres du
dix-septième siècle, par *A. Caillot*. 1 vol. in-8.
Paris, 1810.   3 f. p. 5 f.
NOURRITURE de l'Ame, ou Recueil de Prières
pour tous les jours de la semaine, et fêtes de l'année, etc., par *Ostervald*. Nouvelle édition. 1 vol.
in-8. 1824.   3 f. 50 c. p. 5 f.
PRIÈRES pour tous les jours de la semaine et sur
divers sujets, par *Pictet*; nouv. édit. augmentée.
1 vol. in-12. 1817.   1 f. p. 1 f. 75 c.
VRAI (le) communiant, ou Traité de la sainte Cène
et des moyens d'y bien participer; par *Daniel de
Superville*, ministre de l'Eglise wallone de Rot-
terdam. In-12. 1817.   1 f. 25 c. p. 2 f. 25 c.

STÉRÉOTYPES D'HERHAN,

A LA REMISE DE 40 POUR 100.

Le prix des cartonnages est de 15 c. pour les in-18, et de 20 c. pour les in-12.

CLASSIQUES LATINS.

ACTUS et Epistolæ Apostolorum. 1 gros volume
in-18.   1 f. 60 c.
APPENDIX de Diis, auctore Jouvency, avec le
Dictionnaire. 1 vol. in-18.   1 f.
CÆSARIS Commentarii. 1 vol. in-18.   1 f. 40 c.
CONCIONES è veteribus historicis excerptæ. 1 vol.
in-12.   2 f. 50 c.
CORNELIUS Nepos. 1 vol. in-18.   1 f.
DE VIRIS illustribus Romæ, auctore *Lhomond*,
avec le Dictionnaire. 1 vol. in-18.   1 f. 50 c.

DISCOURS CHOISIS DE CICÉRON, savoir:

CICERONIS Orator. In-12.   75 c.
DE SENECTUTE. In-12.   40 c.
DE AMICITIA. In-12.   40 c.
DE OFFICIIS.   1 f. 25 c.
ECLOGÆ quas selegit Jos. Olivetus.   75 c.
PARADOXA, et Somnium Scipionis.   40 c.
PRO MILONE.   40 c.
PHILIPPICA secunda.   40 c.
ORATIO pro Lege Manilià.   40 c.
ORATIO pro Archià Poetà.   40 c.
— in Verrem de Signis.   75 c.
— in Verrem, de Suppliciis.   75 c.
ORATIONES, in Catilinam, 1, 2, 3, 4.   75 c.
ORATIONES pro Ligario et pro Marcello.   40 c.

ÉLÉMENS de la Grammaire française, par *Lhomond*, 1 vol. in-12.   75 c.
ÉLÉMENS de la Grammaire latine, par le même.
1 vol. in-12.   1 f. 25 c.
EPITOME Historiæ Sacræ, auctore *Lhomond*. 1 vol.
in-18.   1 f.
EXCERPTA è Tacito, ou Morceaux choisis de
Tacite, avec les notes de M. Rendu. 1 volume
in-12.   1 f. 50 c.
GRAMMAIRE française de M. *Gueroult*. 1 vol.
in-12.   1 f. 25 c.
HORATIUS (Quintus). 1 vol. in-18.   1 f. 40 c.
JUSTINI Historiarum. 1 vol. in-18.   1 f. 40 c.
JUSTINIANI Institutiones. 1 vol. in-18.   1 f. 50 c.
MÉTHODE pour étudier la Langue latine, par
M. *Gueroult*. 1 vol. in-12.   1 f. 50 c.
NOVUM J.-C. Testamentum. 1 vol. in-18.   2 f. 50 c.
OVIDII Nasonis selectæ Fabulæ. In-12.   1 f. 40 c.
PHÆDRI Augusti liberti Fabulæ. In-18.   90 c.
QUINTUS Curtius. 1 vol. 18.   1 f. 40 c.
SALLUSTII. 1 vol. in-18.   1 f.
SELECTÆ e profanis. 1 vol. in-12.   2 f. 50 c.
SELECTÆ è veteri Testamento. In-18   1 f. 40 c.
TROPES (les) de Dumarsais. 1 vol. in-12.   1 f. 50 c.
VIRGILIUS Maro. 1 vol. in-18.   1 f. 40 c.

———

AVENTURES (les) de Télémaque, par *Fénélon*.
2 vol. in-12.   4 f. 50 c.
— LES MÊMES. 2 vol. in-18.   3 f.
AVENTURES de Robinson. 4 vol. in-18. avec 4
figures.   4 f.
— LES MÊMES, avec 8 jolies gravures.   5 f.
CARACTÈRES (les) de La Bruyère, suivis de ceux
de Théophraste. 3 vol. in-18.   3 f. 75 c.
CHEFS-D'ŒUVRE (les) de Pierre et de Thomas
Corneille. 5 vol. in-18.   7 f. 50 c.
— LES MÊMES, avec les Commentaires de Voltaire.
5 vol. in-18.   10 f.
CHOIX de vieux Poètes français et de divers autres
dont les pièces sont en trop petit nombre pour ob-
tenir une classification particulière; par M. *Mille-
voye*. 4 vol. in-18.   6 f.

CODE civil. In-18. 2 f.
ESSAI sur l'Homme et sur la Poésie ; par *Duresnel.* 1 vol. in-18. 1 f. 80 c.
LA FONTAINE, Œuvres. 5 vol. in-18. 7 f. 50 c.
— Fables. 1 vol. in-18. 1 f. 50 c.
— Contes. 1 vol. in-18. 1 f. 50 c.
— Psyché et Adonis. 1 vol. in-18. 1 f. 50 c.
— Théâtre. 1 vol. in-18. 1 f. 50 c.
— Œuvres diverses. 1 vol. in-18. 1 f. 50 c.
MAGASIN des Enfans, par madame *Leprince de Beaumont.* 4 vol. in-18. avec 8 gravures. 4 f.
MAGASIN des Adolescentes, par la même. 4 vol. in-18. avec 4 gravures. 5 f.
MAGASIN des jeunes Dames, par la même. 4 vol. in-18. avec 4 gravures. 6 f.
MORT (la) d'Abel, par Gessner. 1 vol. in-18. avec fig. 1 f. 20 c.
— Le même ouvrage, avec 6 grav. 1 f. 80 c.
ŒUVRES de Bernard. 1 vol. in-18. 1 f. 50 c.
— de Bertin. 1 vol. in-18. 1 f. 80 c.
— de Boileau. 1 vol. in-18. 1 f. 50 c.
— du cardinal de Bernis. 2 vol. in-18. 2 f. 50 c.
— choisies de Beaumarchais. 2 vol. in-18. 3 f.
— choisies de Boissy. 1 vol. in-18. 1 f. 25 c.
— choisies de Brueïs et Palaprat. 1 vol. in-18. 1 f. 50 c.
— choisies de Colin d'Harleville. 1 vol. in-18. 1 f. 50 c.
— de Crébillon. 3 vol. in-18. 3 f. 75 c.
— choisies de Dancourt. 3 vol. in-18. 4 f. 50 c.
— de madame Deshoulières. 2 vol. in-18. 2 f. 50 c.
— choisies de Destouches. 2 vol. in-18. 3 f.
— choisies de Dubelloy. 1 vol. in-18. 1 f. 50 c.
— choisies de Dufresny. 1 vol. in-18. 1 f. 50 c.
— choisies de Fabre d'Églantine. 1 vol. in-18. 1 f. 50 c.
— de Gresset. 1 vol. in-18. 1 f. 50 c.
— choisies de Lachaussée. 1 vol. in-18. 1 f. 50 c.
— choisies de Laharpe. 1 vol. in-18. 1 f. 50 c.
ŒUVRES choisies de Le Sage, savoir :
— Gil-Blas de Santillane. 4 vol. in-18. 5 f.
— Le Diable boiteux. 2 vol. in-18. 2 f. 50 c.
— Le Bachelier de Salamanque. 2 v. in-18. 2 f. 50 c.
— Gusman d'Alfarache. 2 vol. in-18. 3 f.
— Aventures du chevalier Beauchêne. 2 volumes in-18. 3 f.
ŒUVRES choisies de Marivaux. 1 vol. in-18. 1 f. 50 c.
— de Molière. 6 vol. in-18. 10 f.
— de Racine. 5 vol. in-18. 7 f. 50 c.
— de Regnard. 4 vol. in-18. 7 f.
— de Régnier. 1 vol. in-18. 1 f. 25 c.
— choisies de J. B. Rousseau, avec des notes, par M. *de Wailly.* 1 vol. in-18. 1 f. 75 c.
POÉSIES de Chaulieu et de La Fare. 1 volume in-18. 1 f. 50 c.
— de Colardeau et Malfilatre. 1 vol. in-18. 2 f.

— de Dorat. 1 vol. in-18. 2 f.
— de madame Dubocage. 1 vol. in-18. 2 f.
— de Gilbert. 1 vol. in-18. 1 f. 50 c.
— d'Imbert et de Denne-Baron. 1 v. in-18. 1 f. 80 c.
— de Laharpe et Marmontel. 1 vol. in-18. 2 f.
— de Lamothe Houdart. 1 vol. in-18. 2 f.
— de Lefranc de Pompignan. 1 vol. in-18. 1 f. 80 c.
— de Lemierre et Thomas. 1 vol. in-18. 2 f.
— de Léonard et Chamfort. 1 vol. in-18. 2 f.
— de Quinault, Pélisson, La Fontaine, Moncrif, Chénier, J. J. Rousseau, Lebrun, etc. 1 gros vol. in-18. 2 f. 25 c.
POÈTES français du premier ordre. 9 volumes in-18. 13 f. 50 c.
— du second ordre. 12 vol. in-18. 18 f.
PREVOST (l'abbé). Mémoires (les) d'un Homme de qualité. 4 vol. in-18. 6 f.
— Histoire du chevalier Des Grieux et de Manon Lescault. 1 vol. in-18. 1 f. 40 c.
RELIGION (la) poëme, suivi de quelques fragmens sur la Grâce ; par *Louis Racine.* 1 volume in-18. 1 f. 50 c.
RÉPERTOIRE du Théâtre français. 67 volumes in-18. 100 f.

On vend séparément :

THÉÂTRE du premier ordre. 27 vol. in-18. 40 f.
— du second ordre. 40 vol. in-18. 60 f.
RÉVOLUTIONS Romaines, par *Vertot.* 2 volumes in-12. 6 f.
RÉVOLUTIONS de Suède, par le même. 1 volume in-12. 2 f. 50 c.
RÉVOLUTIONS de Portugal, par le même. 1 vol. in-12. 1 f. 25 c.
SAISONS (les) et Poésies fugitives de Saint-Lambert. 1 vol. in-18. 2 f.
VOLTAIRE. Henriade. 1 vol. in-18. 1 f. 75 c.
— Contes en vers. 1 vol. in-18. 1 f. 50 c.
— Poëmes et Discours en vers. 1 vol. in-18. 1 f. 50 c.
— Épîtres, Stances et Odes. 1 vol. in-18. 1 f. 50 c.
— La Pucelle. 1 vol. in-18. 1 f. 50 c.
— Chefs-d'Œuvre dramatiques. 4 vol. in-18. 6 f.
— Histoire de Charles XII. 1 vol. in-12. 3 f.
— Histoire de Russie sous Pierre-le-Grand. 1 vol. in-12. 3 f.
— Romans. 2 vol. in-12. 6 f.
— Siècle de Louis XIV, et Précis du Siècle de Louis XV. 3 vol. in-12. 9 f.
VOYAGE du jeune Anacharsis, par *Barthélemy.* 7 vol. in-18. avec les notes et les tables. 16 f.
VOYAGES (Recueil de) en vers et en prose ; par La Fontaine, Chapelle, Bachaumont, etc. 1 vol. in-18. 2 f.

LIVRES EN LANGUES ÉTRANGÈRES.

ITALIEN, ITALIEN-FRANÇAIS.

ALFIERI, ses Tragédies (en italien), avec l'accent prosodique. 6 vol. in-18. 10 f. p. 15 f.
ALFIERI, Œuvres complètes (en italien). 23 vol. in-16. 30 f. p. 46 f.
ARIOSTO, Orlando Furioso, con argomenti, dichiarazioni ad ogni canto, ed indice de' nomi proprij e delle materie principali coll' accento di prosodia. Belle édition. 8 volumes in-18. *Parigi,* 1818. 11 f. p. 16 f.

AVENTURES de Télémaque, par *Fénélon,* italien-français. Jolie édition. 2 vol. in-12. 4 f. p. 6 f.
BERTOLOTTI Ritorno (il) dalla Russia, con una novella dello stesso autore. 1 vol. in-12, jolie édition, fig. *Milano,* 1823. 2 f. 25 c. p. 3 f.
BOCCACCIO, Il Decamerone ; nuova edizione, coll' accento di prosodia. 5 vol. in-18. 7 f. p. 10 f.
BOCCACIO, Novelle scelte, coll'accento di prosodia. 1 vol. in-18. 1 f p. 1 f. 50 c.
CASTI, Animali parlanti. Jolie édition. 3 volumes in-12. 8 f. p. 10 f.

CASTI, Animali parlanti. 3 vol. in-18. 5 f. p. 7 f. 50 c.
DANTE, Alighieri, la divina Commedia. col Comento de Pompeo Venturi. 3 vol. in-18. portrait. 1819. 6 f. p. 9 f.
DICTIONNAIRE français-italien et italien-français d'*Alberti*. 2 vol. in-4. *Turin*. 14 f. p. 24 f.
DICTIONNAIRE (nouveau) français-italien, et italien-français, d'après *Alberti, Botarelli*, etc.; précédé d'un Abrégé de Grammaire italienne. Nouvelle édition, revue et augmentée par Laury. 2 vol in-16. 1819. 4 f. 50 c. p. 7 f. 50 c.
DICTIONNAIRE Italien-Français de Barberi, augmenté de plus de 10,000 mots. 2 vol. in-16. Jolie édition. *Paris*, 1822. 7 f. p. 10 f.
GOLDONI (Carlo) Opere scelte. 12 volumes in-8. *Padova*, 1812. 24 f. p. 36 f.
GUARINI. Il Pastor fido. 1 volume in-18. 1816. 1 f. 35 c. p. 2 f.
JÉRUSALEM délivrée, ou Cours de langue italienne; par *Luneau de Boisjermain*, avec la traduct. interlinéaire. 3 vol. in-8. 12 f. p. 18 f.
LETTRES d'une Péruvienne, italien-français; par *Deodati*, avec l'accent prosodique, 2 volumes in-18. 2 f p. 3 f.
LETTERE d'una Peruviana, trad. dal france e dal S Deodati, coll' accento di prosodia. 1 volume in-18. 1822. 1 f. p. 1 f. 50 c.
MAITRE italien, ou Grammaire française-italienne de *Veneroni*. Troisième édition, revue et augmentée par *Laury*. 1 vol in-8. 1823. 4 f. p. 6 f.
METASTASIO. Opere complete; bella edizione. 17 vol. in-8. 54 f. p. 85 f.
METASTASIO. Opere scelte; seconda edizione, con aggiunte, e coll' accento di prosodia. 7 vol. in-18. 1819. 10 f. p. 15 f.
METASTASIO. Drammi scelti, all' uso della studiosa gioventù; coll' accento di prosodia. 1 volume in-18. 1819. 2 f. p. 3 f.
NOTTI (le) romane del conte Alessandro Verri. 2 vol. in-18. *Firenze*, 1823. 2 f. 75 c. p. 4 f.
NOVELLE scelte di Boccacio. In-18 coll'accento di prosodia. In-18. 1 f. p 1 f. 50 c.
PITTRICE (la) e il Forestiere, racconto tratto dalle Memorie inedite d'un viaggiatore in Italia. 1 vol. in-12. *Milano*, 1824. 2 f. p. 3 f.
SOAVE, Novelle morali, avec l'accent prosodique. 2 vol. in-18. *Paris*, 1823. 3 f. p. 4 f.
TASSO (Torquato), Aminta, coll' accento di prosodia. 1 vol. in-18. 1 f p. 1 f. 50 c.
TASSO (Torquato), la Gerusalemme liberata. 4 vol. in-18. 3 f. 50 c. p. 5 f.
TASSO, Gerusalemme (la) liberata. 2 vol. in-32. 1822. 3 f. p. 4 f.
TASSONI. La Secchia rapita; nuova edizione. 2 vol. in-18. carta fina. 2 f. p. 3 f.

ANGLAIS, ANGLAIS-FRANÇAIS.

COXE, Travels in Switzerland (Voyage en Suisse), and in the Country of the Grisons. 3 volumes in-8. ornés de superbes vues de la Suisse, et d'une carte. *Basil*. 1802. 18 f. p. 25 f.
DIALOGUES (nouveaux) anglais et français. Edition corrigée et augmentée; par *Noël*. 1 vol. in-12. 1819. 1 f. 40 c. p. 2 f.
DICTIONNAIRE français-anglais et anglais-français, de *Nugent*, dix-septième édition, augmentée par *Ouiseau*; revue et corrigée par M. *Fain*, et où se trouve, pour la première fois, *la Grammaire anglaise de Siret*. 1 gros vol. in-16. figures. *Paris*, 1823. 5 f. p. 7 f. 50 c.
— LE MÊME OUVRAGE (*sans la Grammaire*). 1 vol. in-16. figures. 4 f. p. 6 f.
ELEMENTS (the) of english conversation with new familiar and easy dialogues each preceded by a suitable vocabulary in french and english, by John *Perrin*, a new edition, carefully revised by Lewis-Francis *Fain*, and enlarged with a choice of english idioms by Chambaud. 1 vol. in-12. *Paris*, 1822. 80 c. p. 1 f. 25 c.
ÉLÉMENS de la Langue anglaise; par *Siret*. Nouvelle édition, revue et corrigée par *Poppleton*. 1 vol. in-12. 1820. 1 f. 25 c. p. 2 f.
GOLDSMITH'S History of England. Belle édition. 2 vol. in-12. 1823. 4 f. p. 6 f.
GOLDSMITH'S roman history abridged. 1 volume in-12. *London*, 1817. 2 f. p. 3 f.
GOLDSMITH, the Vicar of Wakefield; jolie édit. 1 vol. in-18. 1 f. 20 c p. 1 f. 80 c.
GUIDE pratique pour traduire du français en anglais, par *Poppleton* et *Boniface* 1 vol. in-8. 3 f. 50 c. p. 5 f.
LEÇONS pour les jeunes enfans; par *Trimmer*; (en anglais); deuxième édition. 1 vol in-24. oblong, *London*. 70 c. p. 1 f.
LIVRE (petit) pour apprendre à lire aux enfans, (en anglais). In-24. oblong, *London*, 1818. 70 c. p. 1 f.
LEVIZAC, Grammaire française, à l'usage des Anglais qui veulent apprendre le français; nouvelle édition, revue et corrigée par *Noël*. 1 fort vol. in-12. *Paris*, 1821. 3 f. p. 4 f.
MAITRE (le) d'Anglais, par *Cobbett*; suivie des Élémens de la Conversation anglaise, par *Perrin*; et d'un Choix des Idiotisme de la langue anglaise, par *Chambaud*. Nouvelle édition, augmentée de notes, revue et corrigée par M. *Fain*. 1 fort vol. in-12. *Paris*, 1819. 2 f. 25 c. p 3 f. 50 c.
MILTON'S (J.) Paradise Lost, a poem. Jolie édit. 1 vol. in-12. 1818. 2 f. p. 3 f.
MISANTHROPE, (the) a comedy, translated from Moliere. 1 vol. in-12. 1819. 1 f. 50 c. p. 2 f.
NARRATIVE of the expedition to south América, by *C. Brown*. 1 vol. in-8. 1819. 3 f. p. 4 f.
PEYTON. Élémens de la langue anglaise, avec des Dialogues, des Élémens de conversation, etc. 1 gros vol. in-12. 1 f. 80 c. p. 3 f.
SHAKESPEARE. Œuvres complètes (*en anglais*). 23 vol. in-8. figures. *Basle*. 69 f. p. 115 f.
TRAVELS and Adventures in Canada and the Indian territories, by Alexander Henry. *New York*, 1809, 1 vol. in-8. 3 f. 50 c. p. 5 f.
TRAVELS, or an Irland Voyage, Through the states of New-York, Pensilvania, etc.; by *Christian Schultz*. 2 vol. in-8. cartes et fig. *New-York*, 1810. 7 f. p. 10 f.
VOLNEY'S Ruins or Meditation on the Revolutions of Empires, translated under the immediate inspection of the author from the sixth Paris edition; to which is added the law of nature, and a short biographical notice by count Daru. 1 vol. in-18. planche et portr. *Paris*, 1820. 2 f. 25 c. p. 3 f.

ESPAGNOL, ESPAGNOL-FRANÇAIS.

ARTE (el) de Amar de P. Ovidio Nason, seguido del Aminta de Torquato Tasso, traducido en castellano, por Don Juan de Jauregui. 1 vol. in-18. *Madrid.* 1 f. p. 1 f. 50 c.

ARAUCANA, por Ercilla, poema, 4 vol. in-18. 1824. 5 f. 50 c. p. 8 f.

BACHILLER de Salamanca, ò aventuras de D. Querubin de la Ronda, y publicò en frances por *Lesage*; Restituido al Castellano. Jolie édition. 2 vol. in-18. *Madrid*, 1821. 3 f. 50 c. p. 4 f. 50 c.

CARLOS Barimore, por el conde de Forbin, traducido al castellano por D. *J. Pages.* 1 vol. en-18. con lamina de color. *Paris*, 1825. 3 f. p. 4 f.

CARTAS de Heloysa y Abelardo, con la vida de estos desafortunados amantes. 1 vol. in-18. 1817. 1 f. p. 1 f. 50 c.

CERVANTES (Miguel) Don Quixote de la Mancha. Belle édit. conforme à celle publiée par l'Académie de Madrid. 7 vol. in-8. papier fin d'Auvergne, ornés de 40 fig. *Paris*, 1814. 30 f. p. 54 f.
— Le même ouvrage. 7 gros vol. in-18 même pap. et même fig. 24 f. p. 36 f.
— Le même, 4 gros vol. in-18. jolie édition. 1825. 10 f. p. 14 f.

COLECCION española de piezas en prosa y en versos, sacadas de varios autores españoles; deuxième édit. 2 vol. in-18. 1819. 2 f. 25 c. p. 3 f. 50 c.

CONTRATO social, o principios del derecho politico, por **J. J. Rousseau**, traducido en español. 1 vol. in-18. 1 f. p. 1 f. 50 c.

CUENTOS en versos castellanos. 1 volume in-18 *Madrid.* 1 f. p. 1 f. 50 c.

DIABLO (el) coxuelo, traducido a esta por Luc Perez de *Guavara.* 1 vol in-18. 1 f. p. 1 f. 50 c.

DIARIO de la isla de Santa Helena, que contiene cuanto dijo é hizo Napoleon en el espacio de diez y ocho meses, por el conde de Las Cases; traducido al castellano por D. *J. Pages*, interprete real. 8 vol. en-18. *Paris*, 1825. 21 f. p. 30 f.

DICTIONNAIRE français-espagnol et espagnol-français, avec l'interprétation latine de chaque mot; par *Cattel.* Nouvelle édition, revue, corrigée et considérablement augmentée. 2 gros vol. in-4. 21 f. p. 36 f.

DICTIONNAIRE (nouveau) de poche français-espagnol et espagnol-français, rédigé d'après les meilleurs lexicographes des deux nations; nouvelle édition, revue, corrigée et augmentée d'une grande quantité de mots, à laquelle on a ajouté les principaux mots géographiques, et pour laquelle on a adopté la nouvelle orthographe de l'Académie espagnole; par *Nunez de Taboada.* 2 vol. in-16. bien imprimés. *Paris*, 1823. 5 f. 50 c. p. 7 f.

FLORIAN, Estela. 1 vol. in-18. 1 f. p. 1 f. 50 c.
— Gonzalo de Cordoba, ò la Conquista de Granada. 2 vol. in-18. 2 f. p. 3 f.
— Novelas nuevas. 1 vol. in-18. *Madrid*, 1819. 1 f. p. 1 f. 50 c.
— Numa Pompilio. 2 vol. in-18. *Madrid*, 1818. 2 f. p. 3 f.

GILBLAS de Santillana. 4 gros vol. in-18., jolie édition. 1824. 8 f. p. 12 f.

ILUSTRES Américanas. 1 vol. in-18, con laminas de col. *Paris*, 1825. 3 f. p. 4 f.

ISLA, Historia de Fray Gerundio. 5 vol. in-18. 1824. 7 f. p. 10 f.

LUISA de Clermont, por madama de *Genlis*, traducido al castellano por D. *J. Pages.* 1 vol. in-18, con 5 laminas finas. *Paris*, 1825. 3 f. p. 4 f.

MORATIN. Comedias publicadas con el nombre de Inarco Celenio. 3 volumes in-18. *Madrid*, 1820. 3 f. p. 4 f. 50 c.

PABLO y Virginia, por Jacobo Bernardin-de-Saint-Pierre. 1 vol in-18. 1 f. p. 1 f. 50 c.

QUEDEVO obras Jocosas. 4 vol. in-18. 1824. 5 f. 50 c. p. 8 f.

RUINAS (las), ó Meditacion sobre las Revoluciones de los Imperios, por *C. F. Volney*; precededas de una noticia necrologia, por el S*r*. *Daru.* Se halla à continuacion la ley natural. In-12. Jolie édition. *Madrid*, 1820. 2 f. 50 c. 3 f. 50 c.

SOLIS, Historia de la Conquista de Mejcico. 5 vol. in-18. 1824. 7 f. p. 10 f.

VIDA (la) de Lazarillo de Tormes, por Diego Hurtado de Mendoza. 1 vol. in-18. 1 f. p. 1 f. 50 c.

YRIARTE. La Musica poema; nouvelle et jolie édit. 1 vol. in-18. *Madrid*, 1822. 1 f. 40 c. p. 2 f.

ALLEMANDS, ALLEMANDS-FRANÇAIS, ANGLAIS, ITALIENS, ESPAGNOLS, PORTUGAIS.

ABRÉGÉ (nouvel) de la Grammaire allemande pratique de *Meidinger*, avec des Dialogues. 1 vol. in-8. *Strasbourg*, 1817. 1 f. 50 c. p 2 f.

DIALOGUES allemands-français, précédés d'un Recueil des mots les plus nécessaires, par *Mozin.* 1 vol. in-8. *Strasbourg.* 1 f. 50 c. p. 2 f.

DICTIONNAIRE français-allemand et allemand-français; septième édition, augmentée de près de dix mille mots. 2 très forts vol. in-4. grand-raisin, à deux colonnes. *Strasbourg.* 18 f. p. 25 f.

DICTIONNAIRE (nouveau) français-allemand, allemand-français, nouvelle édition augmentée. 2 vol. in-8. *Lausanne*, 1803. 8 f. p. 12 f.

DICTIONNAIRE (nouveau) de poche français-allemand et allemand-français; sixième édition, corrigée et considérablement augmentée. 2 volumes in-12. *Strasbourg*, 1820. 7 f. p. 10 f.

GRAMMAIRE allemande-française, par *Meidinger*, à l'usage des Allemands qui veulent apprendre le le français. Bonne édition. 1 gros vol. in-8. *Strasbourg*, 1819. 2 f. 50 c. p. 4 f. 50 c.

GRAMMAIRE française-allemande, par *Meidinger*, à l'usage des Français qui veulent apprendre l'allemand, belle édition, revue et augmentée. 1 vol. in-8. 1824. 2 f. 50 c. p. 4 f. 50 c.

GRAMMAIRE allemande, extraite de Gottsched, Junker et d'Adelung, troisième édition. 1 vol. in-8. *Strasbourg*, 1821. 1 f. p. 1 f. 50 c.

HISTORIETTES (choix d') en allemand. 1 vol. in-12. petit papier. 1824. 50 c. p. 75 c.

ŒUVRES de Gessner, en allemand. 2 vol. in-12. 1823. 3 f. 50 c. p. 5 f.

DICTIONNAIRE italien-espagnol et espagnol-italien; par *Cormon.* 2 vol. in-16. 4 f. p. 7 f.

LUSIADE (la) de Camoëns, en portugais. 2 vol. in-8. petit papier. 4 f. p 6 f.

LIVRES DE FONDS.

ROMANS.

Remise de 35 pour 100.

AUGUSTIN ET SES DEUX PÈRES, par *Legay*, auteur de la Roche du Diable, du Marchand forain, etc. 3 vol. in-12. 1825.   7 f. 5o c.

ALEXIS ET JOSEPH, ou les Deux Conscrits, par M. *Legay*, auteur de la Roche du Diable, du Marchand forain, d'Agathe ou la Destinée, etc. 2 vol. in-12. 1825.   5 f.

CONTES SUR LES GRANDES ET PETITES ROUTES, par un voyageur à pied, M. Grattam, dédiés à Washington-Irving ; traduit de l'anglais par le Traducteur des Romans de Walter Scott. 3 gros vol. in-12. 1825.   9 f.

HÉLÈNE RAMSAY, traduit de l'anglais par le Traducteur des Romans de Walter Scott. 4 vol. in-12. 1825.   1o f.

TROIS (les) ÉCUEILS DES FEMMES, trad. de l'anglais par le Traducteur des Romans de Walter Scott. 4 vol. in-12. 1825.   1o f.

HAJJI BABA, ou le Gil-Blas persan, trad. de l'anglais par le Traducteur des Romans de Walter Scott. 4 gros vol. in-12. avec 4 jolies fig. 1824.   12 f.

FIFRE (le) ET LE TAMBOUR, par madame la comtesse de *Flesselles*. 3 vol. in-12. 1824.   7 f. 5o c.

LUDSAC, ou le Monastère de Saint-Bazile, par madame la comtesse de *Flesselles*. 4 vol. in-12. 1824.   1of.

MARIAGE (le) DE DUNAMORE, par *Maria-Regina-Roche*, auteur des Enfans de l'Abbaye, traduit de l'anglais. 4 vol. in-12. fig. 1824.   1o f.

AMITIÉ (l'), ou la Famille Normande. 2 vol. in-12. fig. 1824.   5 f.

FORTUNE ET REVERS, ou l'Aventurier portugais, par *L. T. Gilbert*. 3 vol. in-12. ornés de trois jolies figures. 1824.   9 f.

DINA, ou la Fiancée juive, traduit de l'hébreu par *Samuel Danson*, et publié par *Marie Aycard*. 2 vol. in-12. 1824.   5 f.

ETNA (l'), ou les Campieri, suivi du Mendiant de Vaucluse ; par *Charles Durand*. 2 volumes in-12. 1824.   5 f.

PROTECTEURS (les) ET LES PROTÉGÉS, traduit de l'anglais de miss *Edgeworth*, par *Cohen*, ancien censeur royal. Seconde édition. 5 vol. in-12. 1824.   12 f. 5o c.

ENNUI (l'), ou Mémoires du comte de Glenthorm ; traduit de l'anglais de miss *Edgeworth*. Seconde édition. 3 vol. in-12. 1824.   7 f. 5o c.

HISTOIRE D'EUGÉNIE D'ETEILLE, adressée par M. le comte *d'Éteille* à un de ses amis. 2 vol. in-12. 1824.   5 f.

COMTE (le) ADOLPHE, épisode de la guerre de Russie, par de *Labeaume*. 2 vol. in-12. 1823.   5 f.

INEPTIE BON BEC, ou la Sibylle du Marais, imitation burlesque d'Ipsiboé, de M. le vicomte *d'Arlincourt*; par *Gilbert*. 2 vol. in-12. figures. 1823.   5 f.

FILLE (la) DE JUSSANI, ou les Mœurs corses; par *Charles Durand*. 2 vol. in-12. 1823.   5 f.

GLORIANA ET LÉOPOLD, ou l'Empire du préjugé ; de mistriss *Yossy*. Traduit de l'anglais par M. *Roquefort*. 4 vol. in-12. 1823.   1o f.

CALABROIS (les), ou les Poignards accusateurs; par *Grétry* neveu. 3 vol. in-12. 1823.   7 f. 5o c.

FANTOME (le) BLANC, ou le Protecteur mystérieux, par l'auteur d'Armand et Angela, seconde édition. 3 vol. in-12. fig. 1823.   7 f. 5o c.

FILLE (la) FEMME ET VEUVE, imitation burlesque du Renégat du vicomte d'Arlincourt, par *Gilbert*. 1 vol. in-12. 6g. 1822.   3 f.

MADELEINE, par mistriss *Opie*; trad. de l'anglais, par madame *Collet*. 3 vol. in-12. 1822.   7 f. 5o c.

DAME (la) DU LAC, trad. de l'anglais, de *Walter Scott*; par madame *Elisabeth de Bon*. Seconde édition. 2 vol. in-12. 1822.   5 f.

ÉLODIE, ou l'abandon paternel. 4 vol. in-12. figures. 1822.   1o f.

LÉON ET JUSTINE, ou le Mariage équivoque; par *Brun*. 4 vol. in-12. 1822.   1o f.

MÉMOIRES DE LA PRINCESSE ÉLISA DE B***, ou Histoire d'une Orpheline française, écrite par elle-même. 2 vol. in-12. fig. 1822.   5 f.

ANNETTE ET WILHELM, ou la Constance éprouvée ; trad. de l'allemand, de *Kotzebue*, par mad. *Morel*, auteur de Gertrude de Wurtz. 2 vol. in-12. 1821.   4 f.

BIZARNVILLE (M.), ou les Travers de l'esprit ; par *Galand*. 3 vol. in-12. 1821.   7 f. 5o c.

DUCHESSE (la) ANNE, ou les Souterrains de Raoul II. 2 vol. in-12. 1821.   5 f.

ERMITE (l') DU MONT SAINT-VALENTIN, par madame de *Tercy*. 2 vol. in-12. 1821.   5 f.

FRUITS (les) AMERS DU PHILOSOPHISME, ou Vie et Fin tragique de F***, docteur en droit, traduit de l'allemand sur la seconde édition. 2 vol. in-12. fig. 1821.   5 f.

INDIEN (l') EN EUROPE, ou l'Enthousiasme de la Patrie, par madame la comtesse *d'Oglou*. 3 vol. in-12. 1821.   7 f. 50 c.

FEMME (la) AUTEUR, ou les Inconvéniens de la Célébrité, par M. *Dufrenoy*. 2 vol. in-12. 1820.   5 f.

MELVAL ET ADÈLE, ou la Destinée, suivi de trois Nouvelles, par *H. Duval*. 2 vol. in-12. *Paris*, 1819.   5 f.

RÉFUGIÉ (le) ESPAGNOL. 2 vol. in-12. 1819.   6 f.

MÉLINA, ou la Femme sacrifiée; par madame la baronne de *Cusey*, auteur du Muet, de Damarisse, etc. 3 vol. in-12. 1820.   7 f. 50 c.

MODÈLE (le) DES FEMMES; trad. de l'anglais, de mistriss *Edgeworth*, par madame *Élisabeth de Bon*. 2 vol. in-12.   4 f.

BIBLIOTHÉQUE (petite) DE ROMANS, extraits des auteurs français et étrangers les plus célèbres. 3 vol. in-12.   6 f.

OUVRAGES DE RABAN.

GENTILHOMME (le) de la Révolution. 4 vol. in-12, fig. 1825. (*Sous presse*).   12 f.

COMTE (le) ORY. 3 vol. in-12. fig. 1824.   9 f.

CUISINIÈRES (les), macédoine. 2 vol. in-12. fig. et musique. 1823.   5 f.

M. CORBIN, ou l'Intendant Maire de village. 2 vol. in-12. 1821.   5 f.

ALEXIS, ou les Deux Frères. 2 vol. in-12, figures. 1820.   5 f.

MARQUIS (le) de la Rapière. 1 vol. in-12. fig. 1820.   2 f. 50 c.

l'ARVILLE, ou Blanc, Noir et couleur de Rose. 2 vol. in-12. fig. 1819.   5 f.

ÉPOUX (l') parisien. 3 vol. in-12.   7 f. 50 c.

QUATRE titres pour un. 2 vol. in-12.   5 f.

WALTER SCOTT.

REDGAUNTLET, histoire du dix-huitième siècle, 4 vol. in-12. 1824.   10 f.

EAUX (les) de Saint-Ronan. 4 vol. in-12. 1824.   10 f.

QUENTIN Durward. 4 vol. in-12.   10 f.

PEVERIL du Pic. 5 vol. in-12.   12 f. 50 c.

AVENTURES de Nigel, 4 vol. in-12.   10 f.

WAVERLEY, ou l'Écosse il y a soixante ans, 4 vol. in-12.   10 f.

GUY MANNERING, ou l'Astrologue, 4 volumes in-12.   10 f.

ANTIQUAIRE (l'), 4 vol. in-12.   10 f.

PURITAINS (les) d'Écosse et le Nain mystérieux, 4 vol. in-12.   10 f.

ROB-ROY, 4 vol. in-12.   10 f.

PRISON (la) d'Édimbourg, 4 vol. in-12.   10 f.

OFFICIER (l') de Fortune, 2 vol. in-12.   5 f.

FIANCÉE (la) de Lammermoor. 3 vol. in-12. 7 f. 50 c.

IVANHOÉ, ou le Retour du Croisé, 4 vol. in-12. 10 f.

CHATEAU (le) de Pontefract. Seconde édition. 4 vol. in-12. 1823.   10 f.

MONASTÈRE (le), 4 vol. in-12.   10 f.

ABBÉ (l'), 4 vol. in-12.   10 f.

KENILWORTH, 4 vol. in-12.   10 f.

PIRATE (le), 4 vol. in-12.   10 f.

LETTRES de Paul à sa famille, 3 vol. in-12. 7 f. 50 c.

LAI (le) du dernier Menestrel, et le Lord des îles, 2 vol. in-12.   5 f.

MATHILDE de Rokeby, et Harold l'intrépide, 2 vol. in-12.   5 f.

MARMION, ou la Bataille de Flodden-Field, 2 vol. in-12.   5 f.

DAME (la) du Lac, et les Fiançailles de Triermain, 2 vol. in-12.   5 f.

VISION (la) de don Roderick, etc., 1 volume in-12.   2 f. 50 c.

HALIDON HILL, esquisse dramatique tirée de l'histoire d'Écosse. 1 vol. in-12.   2 f. 50 c.

COOPER.

SIR Lionel Lincoln. 4 vol. in-12. 1825.   10 f.

PRÉCAUTION (la), ou le Choix d'un Mari. 4 vol. in-12. 1825.   10 f.

ESPION (l'). Deuxième édition. 4 vol. in-12. 1824.   10 f.

PILOTE (le). 4 vol. in-12. 1824.   10 f.

REDVOOD. 4 vol. in-12. 1824.   10 f.

PIONNIERS (les), ou les Sources du Susquehannah, 3 vol. in-12. 1823.   7 f. 50 c.

AUGUSTE LA FONTAINE.

AGATHE, ou la Voûte du Tombeau, 4 vol. in-12. fig. 1824.   12 f.

BELLE-SOEUR (la), ou la Famille de Sternbourg. 4 vol. in-12. 1822.   10 f.

CHOIX de Contes et Nouvelles, dédiés aux Femmes; traduit par madame *Élise Voïart*. 2 vol. in-12. fig. 1820.   5 f.

CONTES (nouveaux) moraux, trad. par *Propriac*. 2 vol. in-12. fig.   5 f.

DERNIER Tableau de Famille, ou Henriette Bellmann. Troisième édition. 3 vol. in-12, fig. 1824.   7 f. 50 c.

ÉMILIE et Erlach, ou les Heureuses familles suisses. 3 vol. in-12. 1821. 6 f.
ENFANS (les) de deux lits, ou la Belle-Sœur. 4 vol. in-12. 1822. 10 f.
HUSSARD (le) ; traduit par madame *Élise Voïart*. Deuxième édition. 5 vol. in-12. fig. 12 f.
INVISIBLES (les), ou les Ruines du Château des Bois. 2 vol. in-12. 1820. 5 f.
MINISTRE (le) d'Esbach, ou le pauvre Curé de campagne. 4 vol. in-12. 1823. 12 f. 50 c.
PRISON (la) d'État, ou la Jeunesse de Gustave. 4 vol. in-12. 1822. 10 f.
ROSAURE, ou l'Arrêt du Destin. 3 volumes in-12. 1818. 7 f. 50 c.
SÉDUCTIONS (les), ou Méfiez-vous des apparences. 2 vol. in-12. 1824. 5 f.
SUÉDOIS (le), ou la Prédestination ; traduit par madame *Élise Voïart*. 4 vol. in-12. 10 f.
SYLVIUS et Valéria, ou le Pouvoir de l'Amour. 2 vol. in-12. 1819. 4 f.
VICTIME (la) persécutée, ou les malheurs de don Raphaël d'Aquillas. 3 vol. in-12. 1824. 7 f. 50 c.

DESFORGES.

ADELPHINE de Rostanges, ou la Mère qui ne fut point épouse. 2 vol. in-12. 5 f.
ÉDOUARD et Arabelle, ou l'Élève de l'infortune, et de l'amour. 2 vol. in-12. 1822. 5 f.
POÈTE (le) ou Mémoires d'un homme de lettres ; nouvelle édit. 5 vol. in-12. fig. 1819. 12 f.

LAMARTELLIÈRE.

ALFRED et Liska, ou le Hussard parvenu. 4 vol. in-12. 1818. 8 f.
FIORELLA, ou l'Influence du Cotillon. 4 volumes in-12. 8 f.
TROIS (les) Gilblas, ou cinq ans de Folie. 4 vol. in-12. 8 f.

MADAME DE SOUZA.

ŒUVRES complètes. 12 vol. in-12. avec grav. 30 f.

Séparément :

— ADÈLE DE SENANGE. 2 vol. in-12. 5 f.
— CHARLES ET MARIE. 1 vol. in-12. 2 f. 50 c.
— COMTESSE (la) DE FARGY. 4 vol. in-12. (Nouvelle publication.) 12 f.
— EUGÉNIE ET MATHILDE. 3 vol. in-12. 7 f. 50 c.
— EUGÈNE DE ROTHELIN. 2 vol. in-12. 5 f.
— ÉMILIE ET ALPHONSE. 3 vol. in-12. 7 f. 50 c.
— Mlle DE TOURNON. 2 vol. in-12. 5 f.

MADAME SOPHIE GAY.

ANATOLE. 2 vol. in-12. fig. 6 f.
LÉONIE de Montbreuse. 2 vol. in-12. fig. 6 f.
MALHEURS (les) d'un Amant heureux, ou Mémoires d'un jeune Aide-de-camp de Napoléon. 3 vol. in-8. 1823. 15 f.

MADAME BOURNON-MALARME.

DEUX (les) Propriétaires d'un vieux Château dans les Hautes-Alpes, ou les Intrigans punis. 4 vol. in-12. fig. 1825. 12 f.
BRIGAND (le) démasqué, ou le Pouvoir des Sermens. 3 vol. in-12. 1824. 9 f.
FAMILLE (la) Thibury, ou la Caverne de Wokey. 3 vol. in-12. 1818. 7 f. 50 c.

MÉMOIRES de Clarence Weldone, ou le Pouvoir de la Vertu. 2 vol. in-12. 4 f.
MIRALBA chef de brigands ; troisième édition. 2 vol. in-12. 1821. 5 f.
PHEDORA et Adelina, ou l'Epoux par supercherie. 4 vol. in-12. 1822 10 f.
SOURDE (la) et muette, ou la Famille d'Ortemberg. 2 vol. in-12. 1819. 5 f.

MADAME COTTIN.

AMÉLIE de Mansfield. 3 vol. in-12. fig. 6 f. 75 c.
CLAIRE d'Albe. 1 vol. in-12. 2 f. 25 c.
ÉLISABETH, ou les Exilés de Sybérie. 1 volume in-12. 2 f. 25 c.
MALVINA. 3 vol. in-12. fig. 6 f. 75 c.
MATHILDE. 4 vol. in-12. fig. 9 f.

Mme LA COMTESSE DE CHOISEUL-MEUSE.

CHAPELAIN (le) de Chambord, ou la Dame étrangère. 4 vol. in-12. fig. 1824. 10 f.
GEORGE le Terrible, ou le Souterrain de la Forêt. 3 vol. in-12. 1824. 7 f. 50 c.
MÉMOIRES de madame Adaure. 4 vol. in-12. fig. 1824. 10 f.
AMANS (les) de Charenton. 4 vol. in-12. 1818. 9 f.
CAMILLE, ou la Tête de mort. 4 v. in-12. 1822. 10 f.
MARIANNE, ou la Fermière de qualité. 3 vol. in-12. 1821. 7 f. 50 c.

ANNE RADCLIFFE.

FORÊT (la), ou l'Abbaye de Saint-Clair. 2 v. in-12. 6 f.
ITALIEN (l'), ou le Confessionnal des Pénitens noirs. 3 vol. in-12. 7 f. 50 c.
JULIE, ou les Souterrains du château de Mazzini. 2 vol. in-12. 5 f.
MYSTÈRES (les) d'Udolphe. 4 vol. in-12. 12 f.
TOMBEAU (le), traduit par *Chaussier* et *Bizet*. Quatrième édition. 2 vol. in-12. fig. 1821. 5 f.
VISIONS (les) du Château des Pyrénées. Troisième édition. 5 vol. in-12. 12 f. 50 c.

ROMANS PARUS DEPUIS 1814.

ABBAYE (l') de Craigh-Melrose, ou Mémoires de la famille de Mont-Linton ; traduit de l'anglais, par Cohen. 4 volumes in-12, 1817. 10 f.
ABBAYE de Leolin, traduit de l'anglais de *Maria-Regina Roche*. 4 vol. in-12. 1824. 10 f.
ABBAYE de Northanger, traduit de l'anglais de l'auteur d'Orgueil et préjugé, etc. 3 vol. in-12. fig. 1824. 7 f. 50 c.
ABBAYE (l') de Sainte-Croix, ou Radegonde, reine de France ; par madame *Gottis*. 5 volumes in-12. 1823. 12 f. 50 c.
ABÉLINA, nouvelle historique du treizième siècle ; par *Allent*. 1 vol. in-12. fig. 1823. 2 f. 50 c.
ADELAIDE, ou le Faux ami, par *Nougaret*. 4 vol. in-12. 1815. 9 f.
ADÈLE et Ferdinand, ou le Pêcheur de la Loire. 2 vol. in-12. 1816. 4 f.
ADIEU, suivi du Désert dans Paris, par madame *Marie d'Heures*. 4 vol. in-12. fig. 1824. 12 f.
ADOLPHE, ou Mémoires d'un Illuminé, par madame la comtesse de *Flesselles*. 3 vol. in-12. fig. 1824. 7 f. 50 c.
AGATHE, ou la Destinée ; par M. *Legay*, auteur de la Roche du Diable. 4 vol. in-12. 1823. 10 f.
AGATHE, ou le petit Vieillard de Calais, par Victor Ducange. 2 vol. in-12, 1819. 5 f.

AGATHE et Théocrène, par *Lambert*. 2 vol. in-12. fig. 1820. 5 f.

AGNÈS de France, ou le Douzième siècle; par madame *Simon-Candeille*. 3 vol. in-12. 1821. 9 f.

AGNÈS de Méranie, femme de Philippe-Auguste; par madame *Louise Évélines D***.* 4 vol. in-12. 1824. 10 f.

ALBANO, ou les Horreurs de l'Abîme, par madame *Guénard*. 4 vol. in-12. fig. 1824. 12 f.

ALBAROSE, ou les apparitions de Baffo, par *Marchais de Migneaux*. 5 vol. in-12. 1821. 10 f.

ALEXANDRE, ou le soi-disant grand homme; par *Rougemaitre*. 3 vol. in-12. 1819. 7 f. 50 c.

ALFRED et Zaïda, par madame *Adèle Daminois*. 3 vol. in-12. fig. 1821. 6 f.

ALICIA de Lacy; traduit de l'anglais, de mistriss *Wrest*; par Mme *Elisabeth de Bon*. 5 volumes in-12. 1820. 12 f. 50 c.

ALMA, ou le Cloître et le Monde, par *L. T. Gilbert*. 3 vol. in-12. fig. 1824. 7 f. 50 c.

ALMAIDA, ou l'Enfant des Tombeaux, par Madame de *Courval*. 4 vol. in-12. 1824. 10 f.

ALPHONSE de Coucy, ou quelques scènes de la campagne de Russie. 2 vol. in-12. 1819. 5 f.

ALPHONSE et Mathilde, par Mme *L. d'L***.* 2 vol. in-12. 1819. 5 f.

ALTAMOR, ou les cinq Frères; par *De Boissy*. 3 vol. in-12. 1820. 7 f. 50 c.

AMANS (les) vendéens, par *Cosse*. 4 vol. in-12. fig. 1819. 8 f.

AMOUR, Orgueil et Sagesse, suivi de plusieurs Nouvelles; par l'auteur des Veillées d'une captive. 2 vol. in-12. 1820. 5 f.

AMOURS d'un Turc et d'une Grecque. 5 vol. in-12. 1823. 12 f.

ANDRINA, ou les deux Orphelins; par mad. *Zoé Michaud*. 2 vol. in-12. 1823. 5 f.

ANNE de Bretagne, Roman historique, traduit de l'anglais par *M****. 2 vol in-12. 1814. 5 f.

ANONYME (l'), ou ni Père, ni Mère; par *A. de Viellerglé*. 3 vol. in-12. 1823. 7 f. 50 c.

ANTHÉLIA Mélincourt, ou les Enthousiastes; traduit de l'anglais. 2 vol. in-12. 1818. 4 f.

ANTONIE, ou les Malheurs d'une invasion; par *Ludwig de Sabaroth*. 3 vol. in-12. 1823. 7 f. 50 c.

ATTILA, ou le Fléau de Dieu; par de *Beaunoir*. 2 vol. in-12. 1823. 5 f.

AUGUSTE et Frédéric; par madame de *Baüer*. 2 vol. in-12. 1817. 5 f.

AVENTURES (les) de sir Launcelot Greaves, trad. de l'angl. de Tobias Smollet, par M. *de F***.* 4 vol. in-12. 1824. 10 f.

AVENTURES (les) de Traîne-à-Pied et Volen-Fort, voyageurs nouveaux; par *Marcé*. 4 volumes in-12. 1823. 10 f.

AVENTURIER (l') grand seigneur, ou les embarras de la vie; par *Frère*; traduit de l'anglais, par le traducteur des Œuvres de Walter Scott. 4 vol. in-12. 1821. 10 f.

AVEUX (les) de Clara, ou faiblesse et repentir; par madame la comtesse de *Montholon*. 2 vol. in-12. fig. 1820. 5 f.

AZEMA, ou l'Infanticide, traduit de l'anglais. 2 vol. in-12. fig. 1824. 6 f.

BARDE (le), par *Charles Durand*, auteur de l'Etna. 2 vol. in-12. 1824. 5 f.

BARON (le) écossais, ou le Triomphe de l'Amour et de la Vertu sur l'Orgueil et l'Hypocrisie; traduit de l'anglais par *Cacoleau*. 2 vol. in-12. 1821. 5 f.

BAROZZI, ou les Sorciers vénitiens; traduit de l'anglais, de mistriss *Smith*. 2 vol. in-12. 1817. 4 f.

BATHILDE, ou le Revenant, par madame de *Courval*. 4 vol. in-12. 1824. 10 f.

BEAUTÉ et Laideur, par *Elisabeth Bennet*; trad. de l'anglais, par le traducteur de l'Orpheline du Presbytère. 2 vol. in-12. 1820. 5 f.

BELLES (les) Filles, ou Nouvelles dans un genre nouveau; par mademoiselle *Saint-Hilaire*. 2 vol. in-12. figures. 1822. 5 f.

BELZALIE, ou la Dispersion des Juifs, par madame de Celnar. 4 vol. in-12. 1825. 10 f.

BOBONNE de Ker-Kérakou, ou les malheurs de Cléophile de Sainte-Solange; par *Ducray*. 2 vol. in-12. fig. 1817. 4 f.

BOHEMIENS (les) ou l'Ecossais parvenu, traduit de l'anglais par le traducteur des Ruines du Château de Dunnismoyle. 5 vol. in-12. 1823. 12 f. 50 c.

BRIGANDS (les) anglais, ou la Bataille des Hastings, par mad. *Barthélemi Hadot*. 4 vol. in-12. fig. 1822. 10 f.

BRIGAND (le) de la Forêt des Ardennes, ou le Repentir, par *Letillois*. 3 vol. in-12. fig. 1824. 7 f. 50 c.

BRIGANDS (les) Espagnols, par madame la comtesse de *Flesselles*, auteur des Jeunes Voyageurs en France, etc. 4 vol. in-12. fig. 1824. 10 f.

BRIGAND (le) de Langerooge, ou les Mines mystérieuses. 3 vol. in-12. fig. 1824. 7 f. 50 c.

CALTHORPE, ou les Revers de la fortune, traduit de l'anglais, par le traducteur de Walter-Scott. 4 vol. in-12. 1821. 10 f.

CAMISARD (le), par M. *Dinocourt*. 4 vol. in-12. figures. 1823. 10 f.

CAMPAGNES de l'abbé Poulet en Espagne, pendant les années 1809, 10 et 11, par *Picquenard*. 5 vol. in-12. 1816. 12 f. 50 c.

CAMPO SANTO (le), ou les effets de la calomnie; par *l'Homme Saint Alphonse*. 4 vol. in-12. 1819. 9 f.

CAPTIVITÉ de l'Homme au masque de fer, ou les illustres Jumeaux, par madame *Guénard*. 2 vol. in-12. fig. 1822. 5 f.

CAPUCINS (les), ou le secret du Cabinet noir; par M. de *Faverolles*; quatrième édit. 2 volumes in-12. fig. 1819. 4 f.

— LE MÊME OUVRAGE, 2 vol. in-18. fig. 3 f.

CAROLINE, ou le Danger des fausses interprétations. 3 vol. in-12. fig. 1819. 7 f. 50 c.

CATHERINE Shirley, ou la veille de Saint-Valentin; traduit de l'anglais, de mistriss *Opie*. 4 vol. in-12. 1816. 9 f.

CECILE ou la Rigueur du sort, par l'auteur du Marchand forain, de la Roche du diable, etc. 2 vol. in-12. 1821. 5 f.

CÉCILE de Volmérange, ou la Guérite redoutable, par *Ducray*. 2 vol. in-12. 1825. 5 fr.

CELINE, ou la Fleur des Champs; par mad. *Julienne Bayoud*, née *Métuel*, portière. 2 volumes in-12. 1823. 5 f.

CHARLES Barimore; par M. le comte de *Forbin*; quatrième édition. 2 vol. in-12. fig. 1823. 5 f.

CHARLES, ou les inconvéniens du célibat; par madame *Maurer*. 4 vol. in-12. 1818. 8 f.

CHARLES et Mathéa, ou la Chaumière espagnole, par *Delavillenié*. 3 vol. in-12. 1825. 7 f. 50 c.

CHATEAU (le) d'Alvarino, ou les effets de la vengeance; par *Lagrave*, 2 vol. in-12. fig. 1821. 5 f.

CHATEAU (le) de Brace Bridge, traduit de l'anglais. par *Cohen*. 4 vol. in-12. 1822.   10 f.

CHATEAUX (les) et les Chaumières, ou le bienfait et la reconnaissance ; par l'auteur de Deux Années de souffrances. 3 vol. in-12. fig. 1820.   7 f. 50 c.

CHATEAU (le) du lac, ou le Génie réparateur ; par *Paccard*. 5 vol. in-12. 1819.   10 f.

CHATEAU (le) des Landes, par madame *Benott*. 2 vol in-12. 1824.   5 f.

CHATEAU (le) noir, ou les souffrances de la jeune Ophelle ; par *Anna d'Or. Mer. St. J.*, auteur de la Mère coupable. 2 vol. in-12. fig. 1821.   4 f.

CHATEAU (le) de Sombremar, ou les deux Fantômes ; par madame la comtesse *de Nardois*. 2 vol. in-12. 1821.   5 f.

CHATEAU (le) de Valmire, ou Pauline et Théodore ; par mad. *Vanhove*. 2 vol. in-12. fig. 1821.   5 f.

CHATEAU (le) de Morteuil, ou Lucile et Albert, par mad. *de Petitval*. 3 vol. in-12. 1824.   7 f. 50 c.

CHATEAU (le) de la Volière, ou Miss Spencer et H. Seymour, histoire anglaise, par *Librouski*. 3 vol. 12. fig. 1824.   7 f. 50 c.

CHATELLERAULT (mademoiselle de), ou l'Étranger mystérieux ; traduit de l'anglais, par *Lister*. 2 vol. in-12. 1814.   4 f.

CHAUMIÈRE (la) africaine, ou Histoire de l'infortunée famille Picard, naufragée de la Méduse, par madame *Dard* née *Picard*. 1 vol. in-12. fig. 1824.   4 f.

CHEVALIER (le) de Saint-Jean ; traduit de l'anglais, de miss *Porter* ; par *Cohen*. 4 vol in-12. 1818.   10 f.

CHEVALIER (le) Tardif de Courtac ; par *Bellemare*. 5 vol. in-12. fig. 1820.   15 f.

CHEVALIER (le) de la Vérité ; traduit de l'allemand, par *Lemare*. 3 vol. in-12. 1814   6 f.

CHIEN (le) du Régiment, par *Ludwig de Sabaroth*. 2 vol. in-12. fig. 1824.   5 f.

CLARA et Mathilde, ou les Habitans du château de Roseville et leurs voisins, par l'auteur d'Eugenie et Virginia. 3 vol. in-12. fig. 1824.   7 f. 50 c.

CLARA, ou l'Orpheline. 3 vol. in-12. avec fig. 1824.   7 f. 50 c.

CLÉMENTINA, ou le Sigisbéisme ; par *Durdent*. 2 vol. in-12. 1818.   5 f.

CLÉMENTINE, orpheline et androgyne, ou les Caprices de la nature et de la fortune ; par *Cuisin*. 2 vol. in-12. fig. 1820.   5 f.

CLOTILDE de Lusignan, ou le beau Juif, par lord *R'hoone*. 4 vol. in-12. 1822.   10 f.

COLAS et Colette, ou les Heureuses Victimes, publié par *J. P. Fourquet d'Hachette*. 2 vol. in-12. 1824.   5 f.

COLIGNY, histoire française, par *Dufey de l'Yonne*. 4 vol. in-12. fig. 1825.   12 f.

COMMENT donc faire ? ou les deux Orphelines, par *Legay*, auteur du Marchand forain, etc. 2 vol. in-12. 1824.   5 f.

COMTE (le) Arthur de Standfort, roman de chevalerie, traduit de l'anglais. 2 vol. in-12. 1820.   4 f.

COMTE (le) de Saint-Herem, ou ma cinquantième Année, par madame la comtesse de Macheco. 2 vol. in-12. fig. 1820.   5 f.

COMTESSE (la) de Melcy, ou le Mariage de convenance, par madame *Armande Roland*. 4 vol. in-12. 1825.   10 f.

CONSOLATIONS d'un Solitaire, par *Duronceray*. 3 vol. in-12. 1817.   6 f.

CONTES (mes) et ceux de ma Gouvernante ; par *Marc, Luc, Roch Policharpe*, publiés par *Duval*. 3 vol. in-12. 1820.   7 f. 50 c.

CONTES des Soirées d'Hiver, par madame de *Flesselles*. 4 vol in-12. fig. 1825.   10 f.

CORNELIA, ou les Inconvéniens de la faiblesse maternelle ; par mad. *Huguet*. 3 v. in-12. 1823.   7 f. 50 c.

CORSE (le), par *Dinocourt*. 4 vol. in-12. fig. 1825.   12 f.

DAMNÉ (le). 2 vol. in-12. 1824.   5 f.

DELIA, ou les deux Cousines ; traduit de l'anglais, par *Bertin*. 2 vol. in-12. 1817.   4 f.

DÉPUTÉ (le), aventure récente, ou Tableau historique dans lequel plus d'une personne se reconnaîtra ; par *Scipion M****. 2 vol. in-12. 1821.   5 f.

DERNIÈRE (la) Fée, ou la nouvelle Lampe merveilleuse ; par *Horace de Saint-Aubin*. 2 vol. in-12. 1823.   5 f.

DERNIERS (les) des Beaumanoir, ou la Tour d'Helvin, par *Kératry*. 4 vol. in-12. fig. 1825.   12 f.

DIX Aventures de Garnison, par *Montigny*. 2 vol. in-12. fig. 1824.   5 f.

DONNEUR (le) d'Eau Bénite, ou Épisode de la vie d'un Courtisan, par madame la baronne de *P*. 2 vol. in-12. fig. 1825.   5 f.

DON Sébastien, roi de Portugal, traduit de l'anglais de miss *Anna Porter*, par le traducteur du Polonais. 3 vol. in-12. 1820.   7 f. 50 c.

DUBREUIL et Mélanie, ou les revers de la fortune ; par *Ducray*. 2 vol. in-12. 1821.   5 f.

DUC (le) de Guise, roman historique. 1 vol. in-12. 1814.   2 f.

DUNOIS, histoire française, par *Dufey* (de l'Yonne). 4 vol. in-12. fig. 1824.   12 f.

ÉCARTÉ (l') ou les Aventures d'une joueuse, édit. revue et corrigée ; par *Lablée*. 2 volumes in-12. 1822.   5 f.

ÉCOLE (l') des jeunes Filles ; par le comte de ***. 2 vol. in-12. figures. 1822.   5 f.

ÉCOLIER (l') de Brienne, ou le Chambellan indiscret, Mémoires historiques et inédits sur Napoléon, publiés par le baron *de B*... 3 vol. in-12. *fac simile*, 1818.   7 f. 50 c.

ÉCHO des Salons de Paris, ou recueil d'anecdotes sur Napoléon, sa cour et ses agens. 3 vol. in-12. *Paris*, 1815.   7 f. 50 c.

EDMOND d'Alanville, ou les Effets des haines héréditaires ; par l'auteur du Solitaire des Pyrénées. 4 vol in-12. 1821.   10 f.

ÉDOUARD et Malvina, par mademoiselle *Adélaïde Gory Decour*, auteur de Netta. 4 vol. in-12. 1824.   10 f.

EFFETS (les) de la Vengeance, ou les Aventures d'une noble Famille Vénitienne, par madame *Benoist*. 4 vol. in-12. 1824.   10 f.

EGLAI, ou Amour et Plaisir ; par l'auteur de l'Infidèle par circonstance. 4 vol. in-12. 1820.   10 f.

ELFRIDE, ou les suites d'un duel. 2 volumes in-12. 1821.   5 f.

ELGIVE, par madame René Roger. 2 vol. in-12. 1825.   5 f.

ELISA de Mérival, ou Mémoires d'une jeune Femme ; par le comte *César du Bouchet*. 3 volumes in-12. 1821.   7 f. 50 c.

ÉLISE d'Albeuil, ou les deux portraits, par mad. Dacheu. 2 vol. in-12. fig. 1824.   6 f.

ELLESMER, ou les dangers de la légèreté; traduit de l'anglais. 4 vol. in-12. 1814.   8 f.

EMERIC et Emma, ou la Famille Bavaroise, par madame *Sophie M*** de C****. 2 vol. in-12. 1824.   5 f.

EMILIA, ou le Danger de l'Exaltation. 2 vol. in-12. 1817.   4 f.

EMMA et Saint-Aubin; traduit de l'anglais de mistriss *Opie*. 3 vol. in-12. 1821.   7 f. 50 c.

ENFANS (les) de l'Abbaye, traduit de l'anglais de *Maria Régina Roche*, par *Labaume*; nouvelle édit. 6 vol. in-12. fig. 1823.   15 f.

ENFANT (l') du Coche, par *Ludwig de Sabaroth*. 2 vol. in-12. figures, 1822.   5 f.

ENFANT naturel, ou les Bizarreries de la Fortune, par *Dolbigny*. 3 vol. in-12. fig. 1824.   7 f. 50 c.

EPHRAIM, ou le jeune Israélite, par le prince de *Sabran*. 2 vol. in-12. fig. 1825.   5 f.

EREUVES (les) de la Vie, par l'auteur d'Elisa, Rivers, d'Osmond, etc.; trad. de l'anglais par le traducteur des Romans de Walter-Scott. 4 vol. in-12. 1824.   10 f.

ERMÉNIE de Boissondeuil, par madame de *B****. 2 vol. in-12. 1820.   4 f.

ESPAGNOL (l'), ou la Tombe et le Poignard, par M. *J. Dourille*, auteur de Romalino, etc. 2 vol. in-12. fig. 1825.   5 f.

ETUDIANT (l') en médecine, par Dumeillard. 3 vol. in-12. 1823.   7 f. 50 c.

EUGÉNIE, ou l'héroïsme de la reconnoissance. 2 vol. in-12. 1819.   5 f.

EUGÉNIE de Montbreu'l, ou le Triomphe de la Vertu, par madame *Deshayeux*, auteur du Mont Cantal. 3 vol. in-12. 1825.   7 f. 50 c.

EUGÉNIE, ou les torts pardonnés. 2 volumes in-12. 1818.   4 f.

FAMILLE (la) allemande, ou la Destinée. 2 vol. in-12. 1815.   5 f.

FAMILLE (la) Bertrand; traduit de l'anglais par le traducteur du Château de Dunnismoyle. 4 vol. in-12. 1823.   10 f.

FAMILLE (la) de Clarenville; par *C. J. Rougemaitre*. 3 vol. in-12. 1818.   7 f. 50 c.

FAMILLE (la) cosmopolite, ou chaque pays a ses usages; par l'auteur de l'Homme aux trois noms. 2 vol. in-12. 1819.   5 f.

FAMILLE (la) de Montorio, traduit de l'anglais, par *Cohen*. 5 vol. in-12. 1822.   13 f.

FAMILLE (la) Vanpol, ou les effets de la démoralisation; par *Letournel*. 3 vol. in-12. 1816.   6 f.

FAMILLE (la) de Surville, ou les Français de tous les rangs, roman historique, par un Invalide, auteur des Loisirs d'un Français. 4 vol. in-12. fig. 1825.   12 f.

FANELLI, ou l'Orpheline sans l'être; par *Levallois*. 2 vol. in-12. fig. 1814.   4 f.

FAUX Ermite (le), ou les victimes de la fatalité; par *Ducray*. 3 vol. in-12. 1818.   6 f.

FEMMES (les), par *Carmontelle*; avec un avant-propos, par *Picard*. 3 vol. in-12. 1825.   10 f.

FEMME (la) criminelle par ambition, ou Lady Annandale; traduit de l'anglais par le traducteur des Ruines du Château de Dunnismoyle. 6 v. in-12. fig. 1823.   15 f.

FEMME (la), ou Ida l'Athénienne; traduit de l'anglais, de miss *Owenson*. 4 vol. in-12. 1817.   8 f.

FEMMES (les), ou rien de trop; traduit de l'anglais, par madame *Élisabeth de Bon*. 3 vol. in-12. 1820.   7 f. 50 c.

FILLE (la) de l'émigré, épisode de 1815, par madame *Jenny L****, auteur des Séductions. 3 vol. in-12. 1824.   7 f. 50 c.

FILLE (la) tombée des nues, imitation burlesque de l'Étrangère, de M. d'Arlincourt, par *Gilbert*. 1 vol. in-12. portrait. 1825.   2 f. 50 c.

FRANCINE, ou la Bergère du Rhône; par *Destouches*. 1 vol. in-12. fig. 1814.   2 f.

FRÉDÉRIC Brack, ou l'Élève des Bohémiens; trad. de l'allemand par mademoiselle *Dudrézène*. 6 vol. in-12. 1823.   15 f.

FRÉDÉRIQUE, ou le Trésor de la Famille de Lowembourg, par madame *Armande Rolland*. 4 vol. in-12. fig. 1824.   12 f.

FRÈRES (les) hongrois; traduit de l'anglais de miss *Porter*. 3 v. in-12. 1816.   7 f. 50 c.

FUGITIVE (la), ou les trois Maris, par M. *Dujard*. 4 vol. in-12. 1823.   10 f.

FUNESTES (les) Égaremens, ou Histoire de la Comtesse de Stanmore, traduit de l'anglais, par madame *Collet*. 4 vol. in-12. 1820.   10 f.

GABRIEL Vénance, par *Auger Saint-Hippolyte*. 2 vol. in-12. portr. 1820.   5 f.

GASPARD Banks, ou la Jeunesse d'un Anglais; trad. par madame *Moreau*. 2 vol. in-12. 1819.   5 f.

GASPARD de Limbourg, ou les Vaudois, par *Lombard de Langres*. 5 vol. in-12. fig. 1821.   6 f.

GRAND (le) Bailli de Papenberg, par *C. de La Beaume*, auteur du Comte Adolphe. 2 vol. in-12. 1824.   6 f.

GRAND (le) Père, ou l'Incendie de Moscou; trad. de l'anglais, par le traduc. de Jeunesse et Folie, etc. 4 vol. in-12. 1823.   10 f.

GUERILLERO (le), anecdote espagnole, par *Frankonal*. 1 vol. in-12. fig. 1823.   2 f. 50 c.

GUY Mannering, ou l'Astrologue, trad. de l'anglais de Walter-Scott. 4 vol. in-18. 1823.   4 f.

HABITANS (les) de l'Ukraine, ou Alexis et Constantin, par madame la comtesse d'*Hautpoul*. 3 vol. in-12. 1820.   7 f. 50 c.

HAINES (les) de famille, ou les époux sans l'être; par *Lecerat*. 5 vol. in-12. 1817.   10 f.

HAN d'Islande, seconde édition. 4 vol. in-12. 1823.   10 f.

HARRINGTON, traduit de l'anglais de miss Edgeworth. 2 vol. in-12. 1817.   5 f.

HENRI II, duc de Montmorency; par *Regnault de Warin*. 1 vol. in-12. 1816.   2 f.

HENRY, ou l'Homme silencieux, par mademoiselle *Dudrezene*. 4 vol. in-12. fig. 1824.   12 f.

HÉRITIERS (les) du duc de Bouillon, par madame *Barthélemy Hadot*. 4 vol. in-12. 1823.   10 f.

HERMÉZINE, ou la Recluse par lettre-de-cachet; par *Carpentier*. 2 vol. in-12. 1823.   5 f.

HERMINIE de Civray, ou l'Ermite de la Forêt, par *Cohen*. 4 vol. in-12. 1823.   12 f.

HERMITAGE (l') Saint-Jacques, ou Dieu, le Roi et la Patrie; par *Ducray Duménil*. 4 vol. in-12. 1815.   10 f.

HERMITE (l') et le Revenant, par *Legay*. 2 vol. in-12. 1824.   5 f.

HERMITE (l') du bois de Santaren, ou les Trois Amis. 3 vol. in-12. figures, 1822.   6 f.

HÉROINE (l') moldave, par madame *Gacon Dufour*. 3 vol. in-12. 1818.   6 f.

·HÉROS (le) de la Mort, ou le Prévost du Palais, par *Gilbert.* 3 vol. in-12. fig. 1824.   9 f.

HERWALD de Vaké, ou les Deux Apostats, trad. de l'anglais. 4 vol. in-12. fig. 1825.   10 f.

HISTOIRE amoureuse de la cour d'Angleterre, par l'auteur des Mémoires d'Olivier Cromwell. 2 vol. in-12. 1820.   5 f.

HISTOIRE de Clarisse Harlowe, traduite de *Richardson.* 11 vol. in-18. fig.   16 f. 50 c.

HISTOIRE de Solarice, ou la Femme martyre de son orgueil, par *Quesné.* 2 vol. in-12. 1822.   5 f.

HOMME (l') d'affaires. trad. de l'angl. par mad. Rénée Roger. 2 vol. in-12. 1825.   5 f.

HOMME (l') de lettres aux eaux de Bagnères, ou la Calomnie, par madame *de Courval.* 2 vol. in-12. 1824.   5 f.

HOMME (l') du Mystère, ou Histoire de Melmoth, le voyageur, par l'auteur de Bertram, traduit de l'anglais. 3 vol. in-12. 1821.   7 f. 50 c.

HOMME (l') pétrifié, par *Poisson* et *Citerne jeune.* 2 vol. in-12. fig. 1824.   6 f.

HOMME (l') des Ruines; par M. *Dinocourt.* 4 vol. in-12. fig. 1823.   12 f.

HORACE, ou le Château des Ombres; par madame la marquise *de Montalembert.* 4 volumes in-12. 1823.   10 f.

HORTENCE de Ranville, ou la jeune Veuve. 3 vol. in-12. 1820.   7 f. 50 c.

IDA, roman imité de l'allemand, de madame *Lamothe Fouqué,* auteur d'Ondine; par madame de *R**** 3 vol. in-12. fig. 1821.   7 f. 50 c.

ILLUSTRE (l') Portugais, ou les Amans conspirateurs, par *Augustin Iturbide,* empereur du Mexique; traduit de l'espagnol, par *Turmini Almerte.* 2 vol. in-12. 1825.   5 f.

IMPRUDENCE et Sévérité, par madame la comtesse *de Flesselles.* 4 vol. in-12. 1825.   10 f.

INVALIDE (l'), Histoire écrite par lui-même. 2 v. in-12. 1817.   5 f.

IRMA, ou les Malheurs d'une jeune Orpheline, par mad. *Guénard.* 6 vol. in-18. 1816.   7 f. 50 c.

ISABELLE Hastings; par *Williams Godwin,* traduit par mad. *Collet.* 4 v. in-12. fig. 1823.   10 f.

JEAN et Jeannette, ou les petits Aventuriers parisiens; par *Ducray Duménil.* 4 volumes in-12. fig. 1816.   10 f.

JEAN Louis, ou la Fille trouvée, par l'auteur de l'Héritière de Biragne. 4 vol. in-12. 1822.   10 f.

JEAN Perthus, ou les Bourgeois de Paris il y a deux cent quarante ans. 3 vol. in-12. 1824.   7 f. 50 c.

JEAN de Procida, ou les Vêpres siciliennes; par le baron de *Lamothe-Langon.* 4 volumes in-12. fig. 1821.   10 f.

JEANNE et Isabelle, ou La cour de Henri IV, roi de Léon, par madame *Guénard* (baronne *de Méré*). 3 vol. in-12. 1825.   7 f. 50 c.

JEUNE (la) Artiste et l'Étranger, traduit de l'italien. 2 vol. in-12. 1824.   5 f.

JEUNE Fille (la), ou Malheur et Vertu; suivie du Sultan et l'Arabe; par madame *Gottis.* 2 volumes in-12. 1818.   4 f.

JEUNE (le) Grec, ou la Vieille Athènes, par *Claire Destay,* auteur de la Fille-Dieu, etc. 2 vol. in-12. fig. 1824.   5 f.

JEUNE (le) Loys, prince des Francs, ou Malheur d'une auguste Famille, par madame *Gottis.* Seconde édition. 4 vol. in-12. 1817.   8 f.

JEUNESSE et Folie, ou Mémoires et Voyage de

Victor de Lineuil; par le traducteur du château de Dunnismoyle. 2 vol. in-12. 1823.   5 f.

JOHN Bull, ou Voyage à l'Isle des Chimères; par *Léger.* 3 vol. in-12. fig. 1818.   7 f. 50 c.

JOHN Moore, par le comte *César Dubouchet.* 2 vol. in-12. 1819.   5 f.

JOLIES (les) Parisiennes, par madame *Adèle de***.* 2 vol. in-12. fig. 1822.   5 f.

JOSEPH II, empereur d'Allemagne, peint par lui-même. 2 vol. in-12. 1816.   4 f.

JUANNA et Tiranna, ou laquelle est ma femme? traduit de l'anglais par le traducteur de la Caverne d'Astolpho. 4 vol. in-12. 1816.   8 f.

JUGEMENT par Jury, ou la Vengeance d'une Femme. 2 vol. in-12. fig. 1824.   5 f.

JUIVE (la), ou l'Alsace au quatorzième siècle, par *Thurmann.* 3 vol. in-12. fig. 1824.   7 f. 50 c.

JULES, ou le Frère généreux, par *Dampmartin.* 2 vol. in-12. 1821.   5 f.

JULIANI, ou les Masques napolitains; par *Grétry* aîné, auteur du Château de Cliffort. 2 vol. in-12. 1824.   5 f.

JUMEAUX (les) de la Montagne, roman historique. 2 vol. in-12. 1822.   4 f.

LAIRDS (les) de Grippy, ou le Domaine substitué; traduit de l'anglais par le traducteur des romans de *Walter Scott.* 4 vol. in-12. 1824.   10 f.

LANSKI, ou encore une Victime des troubles d'Avignon; par mad. *Varrot.* 2 vol. in-12. fig. 1820. 5 f.

LAURA de Médicis, ou l'Héroïne de Florence, par mad. *Barthelemy Hadot.* 4 vol. in-12. 1823.   10 f.

LAURENCE de Sully, ou l'Ermitage en Suisse, par madame *Barthélemy Hadot.* 4 vol. in-12. fig. 1820.   10 f.

LAVINSA, ou l'Héroïne de l'Amour. 2 vol. in-12. fig. 1824.   5 f.

LÉONIDE, ou la Vieille de Surène; par *Victor Ducange.* 5 vol. in-12. fig. 1823.   15 f.

LÉOPOLD, ou le Pavillon mystérieux, par *Gerdret.* 4 vol. in-12. 1825.   10 f.

LEONTINE et la Religieuse, ou les Passions du duc de Maelster, par mademoiselle *Fleury.* 4 vol. in-12. 1822.   10 f.

LÉONTINE de Werteling, par madame Adèle D***. 2 vol. in-12. 1819.   4 f.

LETTRES de Nanine à Saint-Phal, par madame de *Staël.* 1 vol. in-12. *Paris,* 1820.   3 f.

LIGUEUR (le), publié par M. *Dinocourt.* 4 vol. in-12. fig. 1824.   12 f.

LISADY de Rainville, par madame de *Valori.* 3 vol. in-12. 1814.   6 f.

LOPEZ et Délia, ou les Caprices du Sort, par *Legay,* 2 vol. in-12. 1824.   5 f.

LOUISE de Vergy, sœur de Gabrielle; par *Paccard.* 2 vol. in-12. 1816.   4 f.

LUDOVIC, ou l'Homme de quarante ans. 3 vol. in-12. 1825.   7 f. 50 c.

LYDIE, ou la Créole, par madame *Adèle Daminois.* 4 vol. in-12. fig. 1824.   10 f.

LYDIE et Frantz, ou les Maris par échange; par *Andrieux.* 2 vol. in-12. 1821.   5 f.

MADEMOISELLE de Montdidier, par madame *Barthélemy Hadot.* 5 vol. in-12. avec portrait. 1821.   12 f. 50 c.

MADEMOISELLE de Montmirel, ou les Époux malheureux, par madame la comtesse de *B***.* 2 vol. in-12. 1822.   5 f.

MANDEVILLE, histoire anglaise, par *William*

Godwin; traduite par *Cohen*. 4 vol. in-12.
1818. 9 f.

MADEMOISELLE de Salences, ou les Épreuves
d'Elmire. 2 vol. in-12. 1814. 4 f.

MAHAMOUTH , ou l'Aventurier espagnol, par
madame *Guénard*, baronne de Meré. 4 vol. in-12.
1825. 10 f.

MAITRE Étienne, ou les fermiers et les châtelains ;
par l'auteur de la Tombe mystérieuse. 4 vol. in-12.
1819. 9 f.

MARESKA et Oscar, histoire suédoise , par madame
Adèle Daminois, auteur d'Alfred et Zaïda. 4 vol.
in-12. fig. 1823. 10 f.

MARGUERITE de Strafford, roman historique.
5 vol. in-12. 1822. 12 f. 50 c.

MAJOR (le) autrichien , ou une Année militaire;
seconde édition. 2 vol. in-12. 1819. 5 f.

MARIA, par l'auteur de Léontine de Werteling.
2 vol. in-12. 1815. 5 f.

MARIAGE (le) malheureux, ou Mathurin et Madeleine ; histoire véritable, par *B* ***. 3 vol. in-12.
1815. 6 f.

MARIAGES (les) nocturnes, ou Octave et la famille
Browning ; par mistriss *Meek* , traduit de l'anglais.
4 vol. in-12. 1820. 10 f.

MARIE de Boulogne, ou l'Excommunication, suivie
d'Ide et Olivier, ou la Chapelle de saint Léonard.
1 vol. in-12. fig. 1824. 2 f. 50 c.

MARTHE, ou la Sœur hospitalière. 3 vol. in-12.
fig. 1824. 7 f. 50 c.

MÉLUSINE , ou les Tombeaux des Lusignans ; par
Paccard. 4 vol in-12. 1815. 8 f.

MÉMOIRES d'un jeune Prêtre, recueillis et publiés
par un *laïque*. 1 vol. in-12. 1824. 2 f. 50 c.

MÉMOIRES d'Olivier Cromwell et de ses enfans,
écrits par lui-même, traduit de l'anglais. 4 vol.
in-12. 1816. 9 f.

MÉMOIRES de Saint-Félix, ou Aventures d'un
jeune homme pendant la révolution; par *Dardent*.
3 vol in-12. 1818. 6 f.

MÉMOIRES d'un Vilain du quatorzième siècle , par
Collin de Plancy. 2 vol. in-12. 1820. 5 f.

MÈRE (la) frivole, par madame *Zoé de Jouye*.
4 vol. in-12. fig. 1824. 12 f.

MES CARAVANNES, ou Folie sur Folie, par *Mars*,
auteur de Blaise l'Eveillé, etc. 2 vol. in-12. fig.
1824. 12 f.

MES COLMARIENNES, ou le Solitaire des Vosges;
par *Thurmann*. 5 vol. in-12. fig. 1824. 15 f.

MEURTRIER (le), ou le Donjon et la Chapelle ;
par madame la comtesse d'*Oglou*. 2 vol. in-12. fig.
1822. 5 f.

MEUNIÈRE (la) du Puy-de-Dôme ; par madame
de *Méré*. 2 vol. in-12. figures. 1823. 5 f.

MEURTRE (le), traduit de l'anglais de Henriette
Led , par le traducteur d'Edouard en Ecosse. 2 vol.
in-12. fig. 1824. 5 f.

MINISTRE (le) de Wakefield , traduit de l'anglais
de *Goldsmith*. Nouvelle édition. 2 vol. in-12.
1821. 4 f.

MISSIONNAIRE (le), histoire indienne , par miss
Owenson ; traduite de l'anglais par l'auteur de la
Femme, ou Ida l'athénienne. 3 volumes in-12.
1817. 6 f.

MOINE (le), traduit de l'anglais, nouvelle édition.
3 vol. in-12. 1819. 7 f. 50 c.

MON HISTOIRE, ou l'Homme aux trois noms; par
le général *Dutruy*. 4 vol. in-12. 1814. 8 f.

MON ONCLE le crédule, ou Recueil des Prédictions
les plus remarquables ; par *Déodat de Boispréaux*.
3 vol. in-12. fig. 1820. 7 f. 50 c.

MONSIEUR GRAISSINET, ou Qu'est-il donc? par
Henri Duval. 4 vol. in-12. 1823. 10 f.

MONTAGNES (les) de Brunswick , par *Adélaïde
Décour*. 4 vol. in-12. 1823. 10 f.

MOUCHOIR (le) rouge , traduit de l'anglais par
le traducteur du Château de Dunnismoyle. 2 vol.
in-12. 1824. 5 f.

MULATRE (le), par madame *Aurore Cloteaux*.
4 vol. in-12. 1824. 10 f.

MYSTÈRES (les) de la Forêt, ou quel est le Meurtrier ? traduit de l'anglais , par l'auteur d'Ellesmer,
ou les Dangers de la légéreté. 4 volumes in-12.
1819. 9 f.

MYSTÈRES (les) de la Tour noire , traduit de
l'anglais de *Joseph Palmer*. 2 vol. in-12. figures.
1821. 5 f.

NATURE (la) et les Sociétés, par *La Vallée*. 4 vol.
in-12. 1815. 10 f.

NAUFRAGE (le), traduit de l'anglais de miss
Burney. 2 vol. in-12. 1816. 5 f.

NÉCROMANCIEN (le) irlandais, trad. de l'angl.
4 vol. in-12. fig. 1824. 10 f.

NETTA , ou la Suite de la Haine, par *Ad. Cory-
Decourt*. 3 vol. in-12. 1823. 7 f. 50 c.

NOÉMI , ou la Vallée d'Arno ; par madame *Duques-
noy;* seconde édit. 6 vol. in-12. 1822. 12 f.

NOUVELLES. 1 vol. in-12. fig. 1823. 3 f.

NOUVELLES parisiennes, ou les Mœurs modernes ;
par *Bazot*. 3 vol. in-12. 1814. 7 f. 50 c.

NOUVELLES Portugaises et Brésiliennes , par
M. *de Passac*, auteur d'Honorine, de Rose-
lina, etc. 3 vol. in-12. 1825. 7 f. 50 c.

OBERON , ou un Moment d'oubli, traduit de l'allemand de Wieland , par *Ludwig de Sabaroth*,
auteur du Chien du Régiment, etc. 2 vol. in-12.
fig. 1824. 5 f.

OFFICIER (l') russe à Paris, ou Aventures du
comte de ***. 2 vol. in-12. 1814. 4 f.

OG. 1 vol. in-12. 1824. 2 f. 50 c.

OLGA , ou Sagesse et Folie ; par madame *de Courval*,
auteur du Château de Marozzi. 3 vol. in-12. fig.
1823. 7 f. 50 c.

OLIVIER Brusson. 2 vol. in-12. 1823. 5 f.

OPPRESSION et Révolte, ou la Guerre des seigneurs
et des paysans ; par l'auteur du Templier, le juif et
l'arabe, etc. 3 vol. in-12. fig. 1819. 7 f. 50 c.

ORENA, ou l'Assassin du Nord, par madame *de
Choiseul*. 4 vol. in-12. fig. 1821. 10 f.

ORGUEIL et Prévention ; par l'auteur de Raison et
Sensibilité ; traduit de l'anglais. 3 volumes in-12.
1822. 7 f. 50 c.

ORPHELIN (l') aux prises avec le Crime, par
Doris. 3 vol. in-12. 1817. 6 f.

ORPHELINE (l'), ou Bienfait et Reconnaissance ,
par mad. *de Flesselles*. 4 vol. in-12. 1824. 12 f.

PAGE (le) et la Romance ; par madame la comtesse
d'*Hautpoul*. 3 vol. in-12, fig. 1824. 9 f.

PANACHE (le) rouge , ou le Sceptre de fer, imité
de l'anglais, par la comtesse de *Nardouet*. 2 vol.
in-12. fig. 1824. 5 f.

PARIA (le), par madame *Claire de* ***. 2 vol.
in-12. 1822. 5 f.

PARIA (le) Français, ou le Manuscrit révélateur, par le petit-fils de *Rétif de la Bretonne.* 3 vol. in-12. 1822. 7 f. 50 c.

PARIS, ou le Paradis des Femmes, par madame *Emilie de F***.* 3 vol. in-12. 1821. 7 f. 50 c.

PARISIEN (le) parvenu, ou petit Tableau de Mœurs. 4 vol. in-12. 1822. 10 f.

PARVENUS (les), ou les Aventures de Julien Delmours; par madame *de Genlis.* Troisième édition. 3 vol. in-12. 1819. 10 f.

PATRE (le) des montagnes Noires, imité de l'espagnol; par *Gilbert.* 3 vol. in-12. 1823. 7 f. 50 c.

PATRE (le) Tyrolien, par *Quantin.* 2 vol. in-12. fig. 1820. 5 f.

PAUL et Toinon, ou l'Héroïne du coin de la rue; par *Vignon*, petit-fils de Rétif de la Bretonne. 2 vol. in-12. fig. 1822. 5 f.

PAULINE, ou les Hasards des Voyages. 4 vol. in-12. 1821. 10 f.

PAYSANNE (la) espagnole, ou les Veillées du bon Stephens; par madame la comtesse *d'Oglou.* 3 vol. in-12. 1819. 6 f.

PÉLAGE, ou le Fondateur de la monarchie espagnole; par madame *De Rome.* 3 vol. in-12. 1818. 6 f.

PEN OWEN, traduit de l'anglais de *Théodore Hook*, par le traducteur des romans de Walter-Scott. 4 vol. in-12. 1823. 10 f.

PERCY Mallory, ou Orgueil, Honneur, Infamie. par l'auteur de Pen Owen; traduit de l'anglais par *Dusaulchoy.* 4 vol. in-12. 1824. 10 f.

PÈRE (le) coupable, ou les Malheurs de la famille Lewison; trad. de l'anglais de *Regina-Maria Roche.* 3 vol. in-12. figures, 1821. 7 f. 50 c.

PERROQUET (le), roman anglais, français-allemand et qui n'est d'aucune langue; par *Rougemaitre.* 4 vol. in-12. 1817. 10 f.

PETIT (le) Pierre, traduit de l'allemand. 2 vol. in-12. fig. 1820. 6 f.

PETITE (la) Musicienne, par *Gosse.* 3 vol. in-12. 1819. 7 f. 50 c.

PHILIBERT des Angliers, ou les Dangers d'une mauvaise éducation. 2 vol. in-12. 1821. 4 f.

PHILLIPE et Laure. 2 vol. in-12. 1823. 6 f.

PIERRE, Paul et Jean, ou le jeune Tambour, par madame *de Méré.* 2 vol. in-12. fig. 1823. 6 f.

POLONAISE (la), ou l'instinct du cœur, traduit du polonais de la princesse W***; par madame *Narkwaska.* 2 vol in-12. 1822. 5 f.

PORTRAIT (le), ou la Jeune orpheline; trad. de l'anglais par madame *Elisabeth de Bon.* 3 vol. in-12. 1819. 7 f. 50 c.

PORTRAIT (le), ou la Vallée des tombeaux; par l'auteur d'Armand et Angéla. 3 volumes in-12. 1814. 6 f.

PRECOURT, ou le Fils perdu et retrouvé; par madame *Maurer.* 4 vol. in-12. 1818. 8 f.

PRINCESSE (la) d'Achaïe, ou la Bague et le Puits, traduit de l'anglais; par mademoiselle *Em. Ch...* 4 vol. in-12. 1823. 10 f.

PROSCRITS (les), ou la Famille protestante. 3 vol. in-12. 1818. 7 f. 50 c.

PROTÉGE (le) de Joséphine de Beauharnais, par l'auteur des Amours de Napoléon. 2 vol. in-12. 1820. 5 f.

RAPHAEL d'Aguilar, ou les Moines portugais; par *De Rougemont.* 2 vol. in-12. 1820. 5 f.

RÉFUGIÉS (les) Polonais, ou tout pour l'Amour et la Beauté; par *Manuel.* 3 vol. in-12. 1820. 7 f. 50 c.

REGICIDE (le), in-12. 1820. 2 f. 50 c.

REMORDS (le), par madame *de Choiseul.* 3 vol. in-12 fig. 1822. 7 f. 50 c.

RENCONTRE (la) au Luxembourg, ou les Quatre bonnes Femmes; par madame *Maurer.* 5 vol. in-12. 1816. 10 f.

RENÉGATE (la), par *Gilbert.* 2 vol. in-12. fig. 1822. 5 f.

REVENANT (le) ou les quatre Siècles, traduit de l'allemand de *Charles Spiess*, par le baron *L. de Bilderbec.* 4 vol. in-12. 1822. 10 f.

RÉVOLTE (la) de Boston, ou la Jeune hospitalière; par madame *Barthélemy Hadot.* 3 volumes in-12. 1820. 7 f. 50 c.

RINALDO Rinaldini, chefs de brigands, traduit de l'allemand par *Duperche.* Troisième édition. 4 vol. in-12. 1823. 10 f.

RINALDO Rinaldini, chef de brigands; seconde édition. 2 vol. in-18. 1816. 2 f. 50 c.

RIVAUX (les), dernier Roman de mad. *Pichler*, auteur d'Agathoclès, etc., trad. de l'allemand par mad. *Betzy R.* 3 vol in-12. 1822. 7 f. 50 c.

ROBINSON (le) du faubourg Saint-Antoine, ou Aventures du général Rossignol et de son secrétaire déportés en Afrique; seconde édition. 4 vol. in-12. avec fig. et cartes. 1818. 10 f.

ROCHE-Blanche, ou le Chasseur des Pyrénées; par miss *Anna Porter*; traduit de l'anglais par madame *Collet.* 5 vol. in-12. 1822. 12 f.

RODERICK le dernier des Goths, trad. de l'anglais. 3 vol. in-12. 1820. 7 f. 50 c.

RODOLPHE et Pauline, ou les Fiancés, traduit de l'allemand sur la troisième édition. 3 vol in-12. 1823. 7 f. 50 c.

ROLANDO Murone, traduit de l'anglais, par *Alexandre Henri.* 2 vol. in-12. 1822 5 f.

ROMALINO, ou les Mystères du château de Monte-Rosso; par *Dourille.* 2 vol. in-12. 1821. 5 f.

ROMAN comique de Scarron. 4 volumes in-12. fig. 1821. 8 f.

RONSEVAL, ou l'Oncle supposé; par madame *Winter.* 2 vol. in-12. 1818 4 f.

ROSE de Connival, ou la Chronique de la vallée; par *Ph. de Passac.* 3 vol. in 12. 1824. 7 f. 50 c.

ROSÉLINA, ou Amour et Vengeance, par *Pons* et *Bockhaus.* 2 vol. in-12. 1824. 5 f.

ROSE Mulgrave, par madame *Adèle de Cueüllet*, deuxième édition. 4 vol. in-12. fig. 1822. 10 f.

RUINES (les) du Château de Dunnismoyle, par l'auteur d'Edmond le Rebelle, trad. de l'anglais 5 vol. in-12. fig. 1823. 12 f.

RUINES (les) de Saint-Benedict, ou le Solitaire de l'île de Palmarola, par *Quantin.* 2 volumes in-12. 1823. 5 f.

SABINA d'Herfeld, ou les Dangers de l'Imagination; par *Saint-Cyr*, quatrième édition, 2 vol. in-12. 1814. 4 f.

SAINCLAIR, ou la Victime des Sciences et des Arts; par mad. de *Genlis.* 1 vol. in-18. 1 f. 25 c.

SAINT Vincent de Paul, l'apôtre des affligés; par madame *de Méré.* 4 vol. in-12. 1818. 10 f.

SAPHORINE, ou l'Aventurière du faubourg Saint-Antoine; par *Merville*, auteur de la Famille Glinet. 2 vol. in-12. 1820. 5 f.

SECRET (le) de la jeune Fille. 4 vol. in-12. fig. 1820. 10 f.

SECRETS (les) du Cœur, ou le Cercle du château d'Eglantine; par madame de *Renneville*. 3 vol. in-12. 1817. 6 f.

SENNA, ou la Fille du Druide, suivi du Pauvre, chroniques de Montfort, publiés par M. *D. C.* 2 vol. in-12. fig. 1824. 6 f.

SINGULARITES Anglaises, Écossaises et Irlandaises, ou Recueil d'Anecdotes curieuses d'actions bizarres, etc., traduites de l'anglais. 2 vol. in-12. 1814. 5 f.

SIR ANDRÉ Wylie, traduit de l'anglais par le traducteur des romans de Walter-Scott. 4 vol. in-12. 1823. 10 f.

SIR JACK, ou le Nouveau Fataliste, par *Gilbert*. 3 vol in-12. fig. 1825. 7 f. 50 c.

SMARRA, ou les Démons de la nuit, par *Charles Nodier*. 1 vol. in-12. 1822. 2 f. 50 c.

SOIRÉES (les) de Famille; Contes, Nouvelles, Anecdotes, etc. 3 vol. in-12. 1817. 6 f.

SOLLICITUDE (la) Paternelle, ou Mémoires de la famille Dalmainville. 4 vol. in-12. 1819. 10 f.

SOPHIE de Blamont, ou Mémoires d'une femme de ce temps-ci; par *Duval*. 4 vol. in-12. 1820. 10 f.

SOPHIE, ou l'Enfant volé, par l'auteur du Marchand forain, de la Roche du Diable, etc. 2 vol. in 12. 1822. 5 f.

SORCIÈRE (la) des Pyrénées, ou la Caverne de la vallée d'Aran; par *Bocous*. 4 volumes in-12. fig. 1823. 10 f.

SOUTERRAIN (le) de la forêt des Ardennes; par *Vallée*. 2 vol. in-12. fig. 1823. 5 f.

STÉPHANIE, ou le Pardon généreux, par l'auteur de Cornélia, ou les Inconvéniens de la faiblesse maternelle. 4 vol. in-12. 1824. 10 f.

STERNBALD, ou le Peintre voyageur; traduit de l'allemand par madame *Isabelle de Montolieu*. 2 vol. in-12. 1823. 5 f.

STRATAGÈME (le), ou le Château de Montyvon, par madame *Adèle Cucület*, auteur de Rose Mulgrave. 4 vol. in-12. fig. 1823. 10 f.

STANISLAS, roi de Pologne; par madame de *Renneville* 3 vol. in-12. portr. 1817. 7 f. 50 c.

SUCCESSION (la) et l'Héritière, ou l'Oncle et le Neveu, par l'auteur du Marchand forain, de la Roche du diable, etc. 2 vol. in-12. 1822. 5 f.

TASSE (le), ou Génie et Malheur, par *E. M. Masse*. 2 vol. in-12. 1825. 5 f.

TENADARES (les), ou l'Européen et l'Indienne, trad. de l'anglais, de mistriss *Helm*, auteur de la Caverne de Sainte-Marguerite. 2 volumes in-12. 1822. 5 f.

TESTAMENT (le) de la vieille Cousine; traduit de l'anglais de *Charlotte Smith*, sur la seconde édit. 4 vol. in-12 1816. 10 f.

TOILETTE (ma), Manuscrit dérobé à une vieille Femme; suivie de quatre Nouvelles, par madame ***. 2 vol. in-12. 1819. 5 f.

TORRENT (le) des Passions, ou les Dangers de la Galanterie. 2 vol. in-12. fig. 1818. 5 f.

TOUR (la) de Bramafan, ou le Cri de la faim; par madame *Gottis*. 3 vol. in-12. 1824. 7 f. 50 c.

THÉOPHILE, ou les Erreurs de l'Orgueil, par madame la comtesse de *Flesselles*, auteur des Jeunes Voyageurs en France, des Brigands espagnols, de

l'Orpheline, ou Bienfait et Reconnaissance, etc. 4 vol. in-12. figures. 1825. 10 f.

TRADITION (la) du Château, ou scènes de l'Isle d'Émeraude, traduit de l'anglais. 3 vol. in-12. fig. 1825. 7 f. 50 c.

TRADITION de la Germanie, le Franc-Archer, publié par *A. P. Chaulons D'argé*. 1 vol. in-12. 1825. 3 f.

TROIS (les) Frères hongrois, par madame la comtesse *d'Oglou*. 3 vol. in-12. 1823. 7 f. 50 c.

TROIS (les) Inséparables, par *Legay*, auteur de la Roche du Diable. 2 vol. in-12. 1824. 5 f.

TROIS (les) Moines, par M. *De Faverolles*. 2 vol. in-18. fig. 1820. 2 f. 50 c.

TROIS NOUVELLES; par madame *D. C. D.* 1 vol. in-12. 1821. 2 f. 50 c.

TROIS (les) PÉRILS DE L'HOMME, traduit de l'anglais. 5 vol. in-12. fig. 1824. 12 f. 50 c.

TROIS (les) ROMANS, ou Contes d'aujourd'hui; trad. de l'anglais de mistress *Isaacs*. 4 vol. in-12. 1817. 9 f.

URBAIN Grandier, par *Hyppolite Bonnellier*. 1 vol. in-12. fig. 1825. 3 f.

VALET (le) par circonstance, par l'auteur de la Roche du Diable, etc. 4 vol in-12. 1817. 9 f.

VALLON (le) fortuné, ou Rasselas et Dinarbas; trad. de l'anglais. 3 vol. in-12. 1817. 6 f.

VAMPIRE (le), ou la Vierge de Hongrie, par *Lamothe Langon*. 3 vol. in-12. fig. 1825. 9 f.

VEILLÉES les, des Antilles, par madame *Desbordes-Valmore*. 2 vol. in-12. fig. 1821. 5 f.

VEILLÉES (les) d'une captive. 2 vol. in-12. ornés de 3 jolies figures, 1818. 5 f.

VEILLÉES d'une Solitaire de la Chaussée d'Antin, par madame d'*Avot*; seconde édition 2 volumes in-12. 1822. 6 f.

VELVILLE et Juliette, ou les Étourderies d'une jolie Femme; par l'auteur de Rose et Mérival, 3 vol. in-12. 1817. 6 f.

VEILLE (la) de Saint-Pierre, ou la Vengeance; traduit de l'anglais par *Cohen*. 4 volumes in-12. 1823. 10 f.

VENGEANCE (la), ou le Fou par amour; par mademoiselle *Vanhove*. 3 vol. in-12. 1814. 7 f. 50 c.

VERTU et Scélératesse, ou la Fatalité; par *Bocous*. 2 vol. in-12. 1821. 5 f.

VEUVE (la), ou l'Épitaphe; par mademoiselle de *Senancourt*. 4 vol. in-12. 1822. 10 f.

VICE et Vertu, ou l'Heureuse Séduction; par madame la comtesse *de Nardouet*. 4 vol. in-12. fig. 1820. 10 f.

VIE et Amours du chevalier de Faublas, par *Louvet*. 8 vol. in-18. figures. 1820. 8 f.

VIE et fin déplorable de madame de Budoy. 2 vol. in-12. fig. 1817. 6 f.

VIEILLE (la) Fille, par madame *S. P.*, auteur du Prêtre. 2 vol. in-12. 1821. 5 f.

VIEUX (le) Château dans la Forêt, ou les Secrets de Famille, par *Charles Dolbigny*. 2 vol. in-12. fig. 1823. 5 f.

VIEUX (le) Matelot, ou la Famille Morin, par *Quantin*. 3 vol. in-12. fig. 1825. 7 f. 50 c.

VILLAGE (le) de Mariendorp, par miss *Anna Maria Porter*, traduit de l'anglais par M. *H. de Janvry*. 4 vol. in-12. 1821. 10 f.

VINGT ans de Folie; par *Athier*. 3 volumes in-12. 1823. 7 f. 50 c.

WARBECK de Wolfstein, ou les Dangers du Fatalisme; par miss *Holford*, auteur de Wallace. 4 vol. in-12. 1822. 10 f.

YVAN VI, par *Auger Saint-Hippolyte*. 5 vol. in-12. fig. 1824. 9 f.

ZAŸBE, ou l'Arabe de la tribu des Hahonytats en Egypte, par *Duval d'Epremesnil*. 2 vol. in-12. 1824. 5 f.

ZÉLIE dans le Désert, par mad. *Daubenton*, 2ᵉ édit. 3 vol. in-12. fig. 1819. 7 f. 50 c.

AUTRES ROMANS.

AABA, ou le Triomphe de l'innocence. 1 vol. in-12. figure. 1 f. 25 c.

ABÉILARD (l') supposé, ou le Sentiment à l'épreuve; par madame *Beauharnais*. 1 vol in-12. 2 f.

ADALBERT et Mélanie. 2 vol. in-12. fig. 4 f.

ADÈLE et Sophie, ou les deux Amies. 2 vol. in-12. fig. 4 f.

ADELE et Ferdinand, ou le Pêcheur de la Loire. 2 vol. in-12. 4 f.

ADELE et Germeuil, ou l'Ermitage des monts Pyrénées; par A. J. Rosny. 2 vol. in-18. fig. 2 f. 50 c.

ADÉLINA, ou les Amans écossais, trad. de l'anglais. 3 vol. in-12. 6 f.

ADONIS, ou le bon Nègre, nouvelle édition. 1 vol. in-18. 2 f.

AH, quel Conte! par Crébillon. 2 vol. in-12. 4 f.

ALEXANDRE et Séraphine, histoire qui n'est pas incroyable. 2 vol. in-12. 4 f.

ALIX et Charles de Bourgogne, par mademoiselle *El. H.* 2 vol. in-12. 5 f.

ALMANZOR, ou le Soldat du Liban; par *le Jeune*. 3 vol. in-12. 6 f.

ALPHONSE et Lindamire, ou la Vengeance. 2 vol. in-12. fig. 4 f.

AMANS (les) d'autrefois, par madame la comtesse *de B****. 3 vol. in-12. 6 f.

AMÉLIE de Saint-Far, ou la Fatale Erreur, par l'auteur de Julie ou J'ai sauvé ma Rose. 2 vol. in-12. 5 f.

AMENAIS, ou Malheur et Vertu; par *Jules de Castellanne*. 2 vol. in-12. fig. 4 f.

AMINTOR et Théodora, trad. de l'anglais par *Mallet*. 3 vol. in-18. fig. 4 f. 50 c.

AMOURS (les) et Aventures d'un émigré; par *Dumaniant*. 2 vol. in-18. fig. 2 f.

AMOURS (les) de Zémédare et Carina. 2 vol. in-12. fig. 4 f.

AMUSEMENS des Eaux de Passy, par *Lasolle*. 3 vol. in-12. 6 f.

AMUSEMENS du jour, ou Recueil de Contes, par madame de *Mortemart*. 1 vol. in-12. fig. 2 f.

ANCÉLINA, ou le Délire des Passions. 1 vol. in-18. fig. 1 f. 25 c.

ANECDOTES sur madame la comtesse du Barri. 1 vol. in-12. 2 f.

ANGÉLA, ou quelques Esquisses des caractères espagnols; par *Desmolin*. 3 vol. in-18. 4 f. 50 c.

ANNA, ou l'Héritière Galloise, trad. de l'anglais de mistriss *Bennett*, par *Henry*. 4 vol. in-18. fig. 5 f.

ANNEAU (l') de Salomon, par *de La Salle*. 4 vol. in-12. 8 f.

ANNÉE (l') la plus mémorable de la Vie de Kotzebue, trad. de l'allemand. 2 vol. in-12. fig. 5 f.

ARGUS Dogue d'Eadlip, ou Correspondance de famille, trad. de l'anglais. 4 vol. in-12. 10 f.

ARNOLD et la belle Musulmane, par *Jenks*; traduit de l'anglais par *Soulès*. 2 vol. in-12. 4 f.

ARTHÉMIE et Zamor, ou les Métamorphoses de l'Isle Grise. 1 vol. in-12. 2 f.

ARUNDEL et Henriette, ou les Aventures de deux Orphelins; suivies de Montford, ou le Danger des Voyages; traduit de l'anglais par *Christophe*. 1 vol. in-12. fig. 2 f.

AVADORO, Histoire espagnole. 4 vol. in-12. 10 f.

AVENTURES (les) d'Abdala, ou son Voyage à l'île de Borico; traduit de l'arabe. 2 vol. in-12. fig. 4 f.

AVENTURES (les) de Caleb Williams, traduites de l'anglais de *Godwin*. 3 vol. in-12. fig. 7 f. 50 c.

AVEUX (les) de l'Amitié; par madame *Elisabeth de Bon*. 1 vol. in-12. 2 f. 50 c.

AVEUX (les) d'une femme galante. 1 vol. in-12. 2 f.

BACHELIER (le) de Salamanque; par *Lesage*. 3 vol. in-12. petit papier. 3 f.

BARON (le) de Las-Casas, suivi du Philosophe comme il y en a tant. 1 vol. in-12. 2 f. 50 c.

BARONNE (la) de Merville, ou les Erreurs de l'Amour; par *Perrin*. 4 vol. in-12. fig. 9 f.

BELLE (la) Catherine, ou la Blanchisseuse de Neuilly. 1 vol. in-12. fig. 2 f. 50 c.

BETZY, ou l'Amour comme il est. Seconde édition. 1 vol. in-18. 1 f.

BIANCA Capello, traduit de l'allemand de Meisner. 3 vol in-12. 6 f.

BLANÇAY, par *Gorgy*. 2 vol in-18. fig. 2 f.

BLANCHE de Rembrun, ou un Roman de plus; par *Victor Regnault*. 2 vol. in-12. fig. 4 f.

BRIDGETINA, ou les Philosophes modernes; traduit de l'anglais. 4 vol. in-12. fig. 10 f.

BUSIRIS, ou le Nouveau Télémaque; par *Quesné*. 2 vol. in-12. 3 f.

BYTHIS, ou l'Élève de l'Africain; par *Gallet*. 1 vol. in-12. fig. 2 f.

CANDIDE, ou l'Optimisme; par *Voltaire*. 2 vol. in-18. 2 f.

CAPITAINE (le) Subtle, ou l'Intrigue dévoilée; traduit de l'anglais par madame la baronne *Duplessy*. 4 vol. in-12. 8 f.

CAROLINE de Montmorenci, traduit de l'anglais par *Moreau*. 1 vol. in-12. fig. 2 f. 50 c.

CAROLINE, ou les Vicissitudes de la fortune. 3 vol. in-18. fig. 3 f. 75 c.

CATHERINE de Bourbon, Marguerite de Valois, Elzina, et les Amans du Marais; Nouvelles historiques. 2 vol. in-12. 4 f.

CÉLESTE Paléologue, roman historique; traduit par *Demaimieux*, 4 vol. in-12. 8 f.

CÉLIDE, ou Histoire de la marquise de Bliville. 2 vol. in-12. fig. 4 f.

CENT (les) Nouvelles, par madame de *Gomez*. 20 vol. petit in-12. 30 f.

CHAPELLE (la) d'Ayton, ou Emma Courtney; nouvelle édition. 4 vol. in-12. 10 f.

CHARLES et Amélia, ou la Perfidie anglaise. 2 vol. in-12. fig. 4 f.

CHARLES, ou Mémoires de la Bussière, par *Liénart*. 4 vol. in-12. fig. 8 f.

CHARMANSAGE, ou Mémoires d'un jeune Citoyen, par l'auteur de l'Aventurier François. 4 volumes in-12. 8 f.

CHATEAU (le) de Sindall, ou le Faux Ami. 2 vol. in-12. 4 f.

CHEVEU (le), précédé du Voyage, par un officier de dragons. 2 vol. in-12. 3 f.

CHRYSOSTOME, père de Jérôme. 2 vol. in-12. 4 f.

CHRONIQUE (la) scandaleuse. 5 vol. in-12. 10 f.

CIMETIÈRE (le) de la Madeleine , par *Regnault-Warin*. 4 vol. in-12. fig. 10 f.

— LE MÊME OUVRAGE. 4 vol. in-18. fig. 5 f.

CLARA Hurt-Forth, ou la Victime des apparences, par *Moreau*. 2 vol. in-12. fig. 4 f.

CLÉMENCE , par *Lamaisonneuve* , auteur de Zénobie. 3 vol. in-12. 6 f.

CLÉMENCE et Isidore, ou Tableau et Histoire véritable de quelques Familles et de quelques Sociétés. 2 vol. in-12. 4 f.

CLÉMENCE de Lautrec, par l'auteur de Prime-Rose. 2 vol. in-12. 4 f.

CLÉMENTINE, ou l'Évelina française, par madame *de Beaufort d'Hautpoul*. 4 vol. in-12. 8 f.

CLÉMENTINE de Lindau , traduit de l'allemand. 1 vol. in-12. fig. 2 f. 50 c.

CLOTILDE, reine de France, par madame *V*** M****. 2 vol. in-12. 5 f.

COMTE (le) de Strongbow , ou l'Histoire de Richard de Clare et de la belle Géralde , traduit de l'anglais. 2 vol. in-12. 4 f.

CONFESSIONS d'un Anglais , ou Aventures de milord Simpson, par l'auteur de la Quinzaine anglaise. 2 vol. in-12. 4 f.

CONFIDENCES (les) réciproques. 3 vol. in-12. 6 f.

CONTES et Nouvelles de *Pfeffel* , traduit de l'allemand , par M. *Mehée Delatouche*. 2 volumes in-12. 5 f.

CONTRADICTIONS (les), ou ce qui peut en arriver. 1 vol. in-12. fig. 2 f. 50 c.

CONVERSATIONS (les) amusantes. 3 vol. in-18. fig. 3 f. 75 c.

CORALIE de Beaumont, ou la Piété filiale. 1 vol. in-12. fig. 2 f.

CORRESPONDANCE du comte de Callidon , avec madame B***; par *Oudard Lucy*. 1 vol. in-12. 2 f.

COUSIN (le) de Mahomet, ou la Folie salutaire. 2 vol. in-18. 1 f. 50 c.

DANGER (le) de l'Enthousiasme , ou les Illusions de la vie. 2 vol. in-12. fig. 4 f.

DANGER (le) d'une première Faute; Histoire anglaise. 1 vol. in-12. 2 f.

DARTISSON, ou l'Abus de la confiance. 1 vol. in-12. fig. 2 f.

DÉCAMÉRON (le) français, par *d'Ussieux*. 2 vol. in-12. 4 f.

DÉCAMÉRON (le) historique, ou Faits dramatiques de l'Histoire, par madame *Coffin*. 3 vol. in-12. fig. 6 f.

DÉLICES de la Solitude, par *Canolle*; deuxième édition. 2 vol. in-12. fig. 4 f.

DÉLIRE (le) du Sentiment, ou les Rêveries d'un Homme sensible. 1 vol. in-12. 2 f.

DERNIER (le) Chapitre de mon Roman; seconde édition. 1 vol. in-12. fig. 2 f.

DERNIÈRE (la) Héloïse; par *Dauphin*. 2 vol. in-18. fig. 2 f.

DEUX (les) Cousins. 2 vol. in-12. 4 f.

DEUX (les) Insulaires , ou Histoire de M. de Fayel et de madame de Forlis ; suivie de Nathalie , par l'auteur d'Edouard et Clémentine. 2 vol. in-12. fig. 4 f.

DIABLE boiteux (le), augmenté des Béquilles du Diable boiteux, par *Le Sage*. 2 vol. in-12. 13 fig. *Paris*. 4 f.

DIABLE Boiteux (le nouveau), par l'auteur des Fêtes et Courtisannes de la Grèce. 4 vol. in-12. fig. 8 f.

DIEU , l'Honneur et les Dames ; par *Paccard*. 6 vol. in-12. fig. 12 f.

DISSIPATRICE (la), traduit de l'anglais de mistriss *Opie* , par *Bertin*. 2 vol. in-12. 5 f.

DOLBREUSE , ou l'Homme du siècle ; par *Loaisel Théogate*. 2 vol. in-18. fig. 2 f. 50 c.

DON Manuel, anecdote espagnole, par M. *de R.* 2 vol. in-12. 5 f.

ÉCOLE (l') buissonnière, ou Georgino et Pédrillo ; traduit de l'espagnol, par *Lasouche*. 2 volumes in-12. 5 f.

ÉCOSSAISE (l') expatriée, traduit de l'anglais de *Catherine Selden*. 1 vol. in-12. fig. 2 f. 50 c.

ÉDOUARD de Berville, ou Aventures d'un Étourdi. 5 vol. in-12. fig. 10 f.

ÉDOUARD et Pélagie , ou l'Anniversaire de la Bataille d'Azincourt, anecdote du quinzième siècle. 2 volumes in-18. fig. 2 f. 50 c.

ELFRIDA , ou l'Ambition paternelle ; traduit de l'anglais , par *Moreau*. 3 vol. in-12. fig. 5 f.

ELVIRE , ou la Femme innocente et perdue. 2 vol. in-12. fig. 4 f.

ÉMANUELLA , ou la Découverte prématurée , trad. de l'anglais. 1 vol in-12. 2 f.

ÉMILIE de Valbrun, ou les Malheurs du Divorce ; par l'auteur d'Irma. 3 vol. in-12. 6 f.

EMMELINE , ou l'Orpheline du château. 5 vol. in-18. fig. 7 f. 50 c.

EMPIRE (l') des passions , ou Mémoires de M. de Gersan , par *Perin*. 1 vol. in-12. 2 f.

ENFER (l') sur terre, traduit de l'allemand , par *Grubert*. 2 vol. in-12. fig. 4 f.

ENFIN un bon Roman, ou les Aveux de Sophie. 2 vol. in-12. 4 f.

ENTRETIENS (les) du Palais-Royal. 2 vol. in-12. 3 f.

ÉPOUX (les) malheureux, ou Histoire de M. et de madame de ***. 2 vol. in-12. 4 f.

ERNESTINE , comtesse d'Awenberg ; traduit de l'allemand de *Witthem Sturmer*. 2 vol. in-12. 4 f.

ERREUR (l') d'un moment, traduit de l'anglais. 1 vol. in-12. fig. 2 f.

ERMANZOR et Ariane , ou Histoire d'Ismaïl B***. 2 vol. in-12. fig. 5 f.

ESPAGNOL (l') ou l'Orgueil de la naissance. Nouvelle. 1 vol. in-12. 2 f.

ESPRIT (l') dupe du cœur , ou Histoire véritable du philosophe Tovler. 2 vol. in-12. 4 f.

ÉTHELINDE , ou la Recluse du Lac , traduit de l'anglais de *Charlotte Smith* , par *de Lamontagne*. 6 vol. in-18. fig. 7 f. 50 c.

ÉTOURDIE (l'), ou histoire de Miss Betsy-Tatless ; traduit de l'anglais. 2 vol. in-12. 4 f.

EUGÈNE et Alvina , ou les Victimes de l'Intolérance, par *Paccard*. 2 vol. in-12. 4 f.

EUGÉNIE , ou la Sainte par amour , Nouvelle historique. 1 vol. in-12. 2 f.

EUSTASIA , Histoire italienne , par *B*** d'Arnaud*. 2 vol. in-12. 4 f.

ÉVÉLINA , ou l'entrée d'une jeune Personne dans le monde, traduit de l'anglais de miss *Burney*. 2 vol. in-12. 5 f.

FAIBLESSES (les) d'un grand Homme , ou la Vie et les Aventures de Jean-Louis de Tiesque ; par *Pagès*. 4 vol. in-12. 8 f.

FAMILLE (la) Fitzer, ou le jeune Tartufe, par *Breton.* 2 vol. in-12. fig. 4 f.

FANNY, ou Mémoires d'une jeune Orpheline et de ses Bienfaiteurs ; trad. de l'anglais de miss *Edgeworth.* 4 vol. in-12. 8 f.

FANTOME (le) de Nembrod-Castle, par madame *de Saint-Venant.* 2 vol. in-12. 5 f.

FEDARETTA, traduit de l'anglais. 2 vol. in-12. fig. 5 f.

FÉLICIE de Vilmard, par *Blanchard.* 3 vol. in-12. fig. 6 f.

FEMME (la) grenadier, nouvelle historique, par l'auteur des Dangers de la Coquetterie. 1 vol. in-12. fig. 2 f.

FERDINAND et Constance ; par *Rhynois Feith.* 3 vol. in-18. fig. 3 f. 75 c.

FERVAL, ou le Gentilhomme rémouleur ; par *Bouvet.* 1 vol. in-12. fig. 2 f. 50 c.

FILS (le) d'Asmodée, suivi des Lettres de la marquise de Cézanes à la comtesse de Merville. 3 vol. in-12. 6 f.

FILS (le) d'Ethelwolf, par l'auteur d'Alan Fitz-Osborne. 2 vol. in-12. 4 f.

FLEETWOOD, trad. de l'anglais par *Villeterque.* 3 vol. in-12. 6 f.

FOLIE et Jeunesse, ou Aventures d'un jeune Militaire. 2 vol. in-12. fig. 3 f.

FOLIE (la) de la Prudence humaine ; par madame *Benoist.* 1 vol. in-12. 2 f.

FRÉDÉRIC et Guéréhard, duc de Lorraine, par *Varez.* 2 vol. in-12. fig. 4 f.

FUREURS (les) de l'Amour, traduit de l'anglais par *Bertin.* 2 vol. in-12 fig. 4 f.

GALERIE anglaise, ou Tableau d'une famille, trad. de l'anglais. 3 vol. in-12. 6 f.

GENEVIÈVE et Siffrid. 2 vol. in-12. 4 f.

GEORGES, ou les Abus de la Conscription. 2 vol. in-12. 5 f.

GEORGES et Clary. 2 vol. in-12 fig. 5 f.

GEORGES, ou la Victime de l'ambition et de l'avarice ; par *Carpentier d'Hesdin.* 3 vol. in-12. 6 f.

GEORGINA, histoire véritable ; par l'auteur de Cécilia, trad. de l'anglais. 4 parties in-12. 6 f.

GÉRALDINE, traduit de l'anglais. 3 vol. in-12. 6 f.

GERMAINE. Nouvelle, par l'auteur des Orphelines de Flower-Garden. 1 vol. in-12. 2 f.

GERMANCE, ou la Force des Passions ; par *Rosny.* 1 vol. in-18. fig. 1 f. 25 c.

GROTTES (les) de Chartres, ou Clémentine ; par l'auteur d'Amour et Scrupule. 2 vol in-12. 4 f.

GROTTE (la) de Westbury, ou Mathilde et Valcourt ; trad. de l'anglais par madame de *Cérenville.* 2 vol. in-12. 4 f.

HECTOR Martin. 2 vol. in-12. fig. 3 f.

HÉLOISE et Abeilard, ou les Victimes de l'Amour ; par *Loaisel Théogate.* 3 vol. in-12. 6 f.

HENRIETTE de Gerstendfeld. 3 vol. in-12. fig. 6 f.

HENRIETTE de Wolmar, ou la Mère jalouse ; par *Brument.* 1 vol. in-18. fig. 1 f. 25 f.

HENRY Bennet et Julie Johnson, ou les Esquisses du cœur, trad. de l'anglais. 4 vol. in-18. fig. 6 f.

HERMANN et Ulrique, trad. de l'allemand. 2 vol. in-12. fig. 4 f.

HERMIONE, ou Journal de deux Orphelines, trad. de l'anglais. 4 vol. in-12. fig. 8 f.

HEYDER, Azéma, Typoo-Zaëb, trad. par *Fantin Desodoards.* 3 vol. in-12. 6 f.

HISTOIRE du sage Danischmed, trad. de l'allemand de *Wieland.* 2 vol. in-12. fig. 4 f.

HISTOIRE des Campagnes de Maria, ou Épisodes de la Vie d'une jolie Femme ; par *Rétif de la Bretonne.* 3 vol. in-12. 6 f.

HISTOIRE de miss Julie Greville, trad. de l'anglais. 3 vol. in-12. 6 f.

HISTOIRE d'une franco-indienne, écrite par elle-même. 2 vol. in-12. 4 f.

HISTOIRE du Naufrage et de la Captivité de M. Brisson. 1 vol. in-12. fig. 1 f. 50 c.

HISTOIRE des Passions, ou Aventures du chevalier Shroop ; trad. de l'anglais. 2 parties en 1 volume in-12. 2 f.

HISTOIRE d'un Pensionnat de jeunes Demoiselles, ou Tableau des résultats d'une fausse Éducation ; par *Caillot.* 2 vol. in-12. 5 f.

HISTOIRE et Aventures de sir Williams Pickle, trad. de l'anglais. 4 vol. in-12. 8 f.

HISTOIRE de Pugatschew, par *Adélaïde Hordé.* 2 vol. in-12. 4 f.

HISTOIRE du Temps, ou les Mœurs écossaises ; trad. de l'anglais. 3 vol. in-12. fig. 6 f.

HISTOIRE du Tribunal secret ; par *de Bock.* 1 vol. in-12. 1 f. 50 c.

HISTOIRE de Vittoria Accorambona, duchesse de Bracciano, avec la Vie de madame de Hautefort, duchesse de Schombéry. Seconde édition. 1 vol. in-12. 1 f. 50 c.

HOMME (l') sauvage, par *Mercier.* 1 volume in-12. 1 f. 50 c.

HOMME (l') sorti du Sépulcre, par *Taboureau de Montigny.* 1 vol. in-12. fig. 2 f.

HOMME (l'), ou le Tableau de la vie. 2 vol. in-12. fig. 4 f.

HORTENCIA, ou le Cri du Remords et de la Nature ; par *Calimard.* 1 vol. in-12. 2 f.

ILE (l') de Wight, ou Charles et Angélina. 2 vol. in-12. fig. 4 f.

IMIRCE, ou la Fille de la Nature. 1 vol. in-12. 2 f.

ILDEGERTE, ou l'Héroïne de Norvége ; trad. de l'allemand de *Kotzebue* ; par *Petit.* 2 volumes in-12. 4 f.

INDOUS (l'), ou la Fille aux deux Pères ; par *Brès.* 6 vol. in-12. fig. 12 f.

INFORTUNÉ (l') Napolitain, ou les Aventures de Rozelli. 4 vol. in-12. fig. 8 f.

INFORTUNES (les) de la Galetierre, par *Rosny.* Troisième édition. 1 vol. in-12. fig. 2 f.

IOLANDA Fitzalton, ou les Malheurs d'une jeune Irlandaise. 3 vol. in-12. 6 f.

ISABELLA et Henri, trad. de l'anglais par *Cantwel.* 4 vol. in-18. fig. 4 f.

ISAURE et Elvire, par mad. *Guénard.* 3 vol. in-12. fig. 6 f.

ISIDORE et Juliette ; par *Rosny.* 1 v. in-18. 1 f. 25 c.

ISORE, ou le Tombeau de Delphine. 2 volumes in-12. 5 f.

ISRAÉLITES (les) modernes, ou Aventures des deux frères Daroca ; par *Hacohen.* 2 vol. in-12. 4 f.

JENISKA, ou l'Orpheline russe, par M. *M****, ancien officier de cavalerie. 2 vol. in-12. 4 f.

JENNY, ou Seize ans d'Infortune, précédée d'Angeline et d'Ernance. 1 vol. in-12. fig. 2 f.

JEUNESSE (la) de Figaro, par *J. J. Regnault-Warin*, auteur du Cimetière de la Magdeleine, etc. 2 vol. in-12. fig. 4 f.

JEUX (les) de la Fortune. 1 vol. in-12. 2 f.

JEUX (les), Caprices et Bizarrerie de la Nature; par l'auteur de ma Tante Geneviève. 3 vol. in-12. 6 f.

JUDITH (la) française, ou Edmond et Clotilde; par *Paccard*. 2 vol. in-12. fig. 4 f.

JULIE, ou le Dévouement filial récompensé; par *Debois-Préaux*. 2 vol. in-12. fig. 4 f.

JULIE de Grammont, traduit de l'anglais. 2 vol. in-12. 4 f.

JULIE, ou J'ai sauvé ma Rose; par madame de C***. Nouvelle édition. 2 vol. in-12. 5 f.

JULIETTE Belfour, ou les Talens récompensés, traduit de l'anglais; par madame *Delagrave*. 1 vol. in-12. fig. 2 f.

LAURE et Auguste, Histoire véritable, traduit de l'anglais; par *Béranger*. 2 vol. in-12. 5 f.

LÉODGARD de Walheim à la cour de Frédéric II, roi de Prusse; par l'auteur du Duc de Lauzun. 2 v. in-12. 5 f.

LEONORE de Grailly et Gaston de Foix; par mad. de *Willyamar*. 3 vol. in-18. fig. 3 f.

LÉONTINE de Blondheim, traduit de l'allemand de Kotzbüe. 3 vol. in-12. 6 f.

LEOPOLD de Circé, ou les Effets de l'Athéisme; par M. de Saint-Venant. 2 vol. in-12. fig 5 f.

LETTRES d'amour d'une Religieuse portugaise. 2 vol. in-12. 4 f.

LETTRES de Charlotte à Caroline, pendant ses liaisons avec Werther, traduit de l'anglais. 2 vol. in-18. 2 f. 50 c.

LETTRES originales de madame la comtesse Dubarry, avec celles des princes, ministres, etc. 1 vol. in-12. 1 f. 50 c.

LETTRES de M. de Fronsac, fils du duc de Richelien, ou son Histoire de quelques mois à la cour de Russie; par *Barbet*. 2 vol. in-12. fig. 4 f.

LETTRES d'Hortense de Valsin à Eugénie de Saint-Firmin. 2 vol. in-12. 4 f.

LETTRES d'Osman. Nouvelle édition. 1 volume in-12. 1 f. 50 c.

LIDORIE, ancienne Chronique allusive, par *Corgy*. 2 vol. in-18. fig. 2 f. 50 c.

LIONCEL, ou l'Emigré, Nouvelle historique; par *L. Bruno*. 2 vol. in-12. fig. 3 f.

LORD (le) impromptu; trad. de l'anglais. 2 volumes in-12. 4 f.

LORD Wiseby, ou le Célibataire. 2 vol. in-12. 4 f.

LORIMON, ou l'Homme tel qu'il est; par *d'Arnaud*. 3 vol. in-12. fig. 6 f.

LUCILE, ou les Progrès de la Vertu. 1 volume in-12. 2 f.

MALHEURS (les) de la Jalousie, ou Lettres de Murville et d'Éléonore Melcour; par madame *Ménard*. 4 vol. in-18. fig. 4 f.

MARIA Doriville, ou le Séducteur vertueux, trad. de l'anglais, par l'auteur du Cuisinier et sa Ille. 4 vol. in-12. 10 f.

MARIA, ou le Malheur d'être Femme; traduit de l'anglais de *Godwin*. 1 vol. in-12. 2 f. 50 c.

MARIA, ou la jeune Musulmane; par *Perrin*. 1 vol. in-12. 2 f.

MARIAGE (le) platonique; par madame la baronne de *Vasse*. 2 vol. in-18. 2 f. 50 c.

MARIE de Valmont, par madame de *Gottis*. 1 vol. in-12. 2 f.

MARMOTTE (la) philosophe, ou la Philosophie en domino; précédée des Amours magiques, et suivie

de la Nouvelle Folle anglaise, etc.; par madame *Fanny de Beauharnais*. 3 vol. in-12. 6 f.

MARQUISE (la) de Gange, par le marquis de *Sade*. 2 vol. in-12. 4 f.

MASQUE (le) de Fer, ou les Aventures admirables du Père et du Fils. 3 vol. in-12. 4 f. 50 c.

MEMOIRES de Cécile, écrits par elle-même, et revus par *Delaplace*. 2 vol. in-12. 4 f.

MEMOIRES et Aventures d'un Homme de qualité, qui s'est retiré du Monde. 3 vol. in-12. 6 f.

MEMOIRES du marquis de Solanges; seconde édit. 2 vol. in-12. 4 f.

MÉMOIRES de miss Séraphie de Gange. 2 volumes in-12. fig. 4 f.

MÉMOIRES de mademoiselle de Sternheim, publiés par *Wiéland*; traduits de l'allemand. 2 volumes in-12. 4 f.

MEMOIRES de miss Sidney Bidulph, par *Richardson*. 6 vol. in-18. 6 f.

MÉMOIRES turcs, ou Histoire galante de deux Turcs. 2 vol. in-12. 4 f.

MÉMOIRES sur les Turcs et les Tartares, par le baron de *Tott*. 3 vol. in-12. 6 f.

MILLE (les) et une Soirées, Contes Mogols. 4 vol. in-18. 4 f.

MINUIT, ou les Aventures de Paul de Mirbon; par l'auteur de Sophie de Beauregard. 1 volume in-12. fig. 2 f.

MISS Lovely de Macclesfield, ou le Domino noir, par madame de *Renneville*. 3 vol. in-12. 6 f.

MOELIOSA, ou l'Héroïsme de la reconnaissance; par *Marie de Courchamps*. 2 vol. in-12. 4 f.

MŒURS (les) du temps, ou Mémoires de Rosalie Terval; par *Nougaret*. 4 vol. in-12. fig. 8 f.

MOIS (un) d'hiver d'Alphonse, ou Campagnes galantes d'un Hussard; par *Dognon*. 2 vol. in-12. 4 f.

MONDE (le) moral, ou Mémoires pour servir à l'Histoire du Cœur humain. 2 vol. in-12. 4 f.

MON HABIT mordoré, ou Joseph et son Maître; par *Kératry*. 2 vol. in-12. 4 f.

MONSIEUR Grimouche, ou Talens et Misère; par l'auteur du Nouveau Vadé. 2 vol. in-12. 4 f.

MONSIEUR de la Poulinière, ou Mémoires d'un Mari comme il y en a tant. 3 vol. in-12. 6 f.

MONTALBERT et Rosalie, traduit de l'anglais de *Charlotte Smith*. 3 vol. in-12. fig. 6 f.

MULATRE (la) comme il y en a beaucoup de blanches. 2 vol. in-12. fig. 4 f.

NATALIE de Bellozane, ou le Testament. 2 vol. in-12. 4 f.

NATHALIE et Zulmée, ou les caractères opposés. 2 vol. in-12. 4 f.

NÉRAIR et Melhoë. 2 vol. in-12. 4 f.

NŒUDS (les) enchantés, ou la Bizarrerie des destinées. 1 vol. in-12. 2 f.

NOUVEAU (le) Télémaque, ou Voyages et Aventures du comte de *** et son fils, par l'auteur d'une dame de qualité. 4 vol. in-12. 8 f.

NOUVEL Emile, ou Rêveries d'un Homme sensible. 1 vol. in-12. 2 f.

NOUVEL (le) Habitant de la Chine; trad. de l'anglais. 4 vol. in-12. fig. 8 f.

NOUVELLE (la) Astrée, ou les Aventures romantiques du temps passé; par *Masson*. 2 volumes in-12. fig. 4 f.

NOUVELLE (la) Clarisse, par madame *Leprince de Beaumont*. 2 vol. in-12. 4 f.

SOLITAIRES (les), ou les effets de l'Éducation. 2 v. in-12. 5 f.

SOPHIE de Beauregard, ou le Véritable Amour. 2 vol. in-12. fig. 4 f.

SOPHIE Vatlanche. 1 vol. in-12. 2 f.

SOUFFRANCES (les) maternelles, traduit de l'allemand par le traducteur d'Evélina. 4 vol. in-18. fig. 4 f.

SOUPER (le) des Petits Maîtres. 2 vol. in-12. 4 f.

SOUPERS (les) de Vaucluse. 3 vol. in-12. avec musique. 6 f.

SPINALBA, ou les Révélations de la Rose-Croix ; par Regnault-Warin. 3 vol. in-12. 6 f.

SPLENDEUR et Souffrance ; traduit de l'anglais de Surr. 3 vol. in-12. 7 f. 50 c.

STANLEY, ou les Deux Frères, traduit de l'anglais de mistriss Parsons ; par Breton. 4 vol. in-12. 8 f.

SUITES (les) funestes du Jeu, ou la différence des Caractères ; par E. V. I. 2 vol. in-12. 5 f.

SUITES (les) d'un moment d'Erreur. 2 vol. in-12. figures. 4 f.

TABLETTES sentimentales ; par Gorgy. 1 volume in-18. fig. 1 f. 50 c.

TANCREDE, ou la Conquête de l'Épée de Roland, par l'auteur de Décence et Volupté. 2 vol. in-12. 4 f.

THAIRA et Fernando, ou les amours d'une Péruvienne et d'un Espagnol ; par Gallet. 1 vol. in-12. fig. 2 f. 50 c.

THEODORA du Guesclin, ou les deux Sœurs rivales. 2 vol. in-12. 4 f.

THÉODORE Sinclair, imité de l'anglais, par le traducteur de la Famille Mourtray, etc. 1 volume in-12. 2 f.

THÉOPHILE de Solincour, ou la Vertu sacrifiée. 1 vol. in-12. fig. 2 f.

TONNEAU (le) de Diogène, traduit de l'allemand de Wielland. 2 vol. in-12. fig. 4 f.

ULDARIC, ou les Effets de l'Ambition, par l'auteur d'Armand et Angella. 2 vol. in-12. 4 f.

VALLÉE (la) heureuse, ou le Prince mécontent de son sort ; traduit de l'anglais de Johnson, par Louis. 1 vol. in-12. fig. 2 f.

VALLON (le) Aérien, ou Relation du Voyage d'un Aéronaute, par Mosneron. 1 vol. in-12. fig. 2 f.

VALMOR et Lydia, ou Voyage autour du monde de deux Amans qui se cherchaient 3 vol. in-12. fig. 6 f.

VEILLÉES (les) d'une Femme sensible, par madame Ménard. 2 vol. in-18. fig. 2 f. 50 c.

VICE (le) et la Faiblesse, ou Mémoires de deux Provinciales, par l'auteur de la Quinzaine anglaise. 2 vol. in-12. 4 f.

VICTOR de Martigues, ou Suite de la Rentière, par le même auteur. 4 vol. in-12. 8 f.

VIE, Faiblesses et Repentir d'une Femme. 1 vol. in-12. 2 f.

VIE (la) et les Aventures de Ferdinand Vertamont, de son Oncle et de leurs Enfans. Seconde édition. 3 vol. in-12. 6 f.

VIE (la) de Marianne, ou les Aventures de la comtesse de ***, par Marivaux. 4 vol. in-12. 6 f.

VISITE (la) Nocturne, traduit de l'anglais, de Maria Regina Roche, par Breton. 6 vol. in-18. figures. 7 f. 50 c.

VOYAGE dans le Canada, ou Histoire de miss Montaigu, traduit de l'anglais. 4 vol. in-12. 8 f.

VOYAGES (les) d'une Coquette, par l'auteur des Dangers de la Coquetterie. 2 vol. in-12. 4 f.

VOYAGE à l'Ile des Peupliers, par Thiébaut. 1 vol. in-12. orné de 4 jolies fig. 2 f.

VOYAGE dans mes Poches. 1 vol. in-12. 2 f.

VOYAGE (le) du Vallon tranquille ; Nouvelle historique, par Charpentier. 1 volume in-12. papier vélin. 2 f. 50 c.

WALSINORE, ou le Cœur et l'Imagination, traduit de l'anglais. 2 vol. in-12. 4 f.

WILHELMINA, ou l'Héroïsme maternel, histoire hongroise, par Duvoisin Calas. 2 volumes in-12. 5 f.

WOODBURY, ou le nouvel Ariodant. 2 volumes in-12. 4 f.

WOLDEMAR, traduit de l'allemand par Vanderbourg. 2 vol. in-12. 5 f.

ZABETH, ou la Victime de l'Ambition, par l'auteur de Sophie de Beauregard. 2 vol. in-12. fig. 4 f.

ZELUCCO, ou le Vice trouve en lui-même son châtiment, trad. de l'anglais, par Cantwell. 4 volumes in-18. fig. 6 f.

ZIRZA, Histoire orientale ; suivie du Malheureux Imaginaire. 1 vol. in-12. fig. 2 f.

SOUSCRIPTIONS ET ARTICLES EN COMMISSION,
AU COMPTANT ET SANS REMISE.

ANNALES UNIVERSELLES DE LA LÉGISLATION ET DE LA JURISPRUDENCE COMMERCIALES ; par MM. Roger et Garnier, avocats au conseil du Roi et à la Cour de Cassation.

Ce Recueil, dont le succès augmente chaque jour, est indispensable aux Négocians et aux Jurisconsultes. Déjà il compte au nombre de ses Abonnés la plupart des Tribunaux de commerce. C'est une collection complète de lois, et arrêts sur la matière commerciale. Aussi y trouve-t-on une grande quantité de décisions qui ne sont point dans les recueils généraux de jurisprudence. Il paraît chaque mois une livraison de trois feuilles au moins in-8., qui, à la fin de l'année, forment un volume de plus de 600 pages. Le volume de 1824 est terminé, et la première livraison de 1825 vient de paraître. Prix de la souscription par année, 10 fr. à Paris, et 12 fr. franc de port pour les Départemens.

ŒUVRES COMPLÈTES DE MICHEL L'HOSPITAL, chancelier de France ; précédées d'un Essai sur la vie et les ouvrages de l'auteur, et sur les principaux événemens du seizième siècle ; accompagnées de notes biographiques et critiques, et d'une traduction nouvelle des poésies latines et du testament, etc.; par P. J. S. Dufey (de l'Yonne). 7 vol. in-8. pap. fin d'Annonay, ornés de 30 gravures par Ambroise Tardieu, et imprimés par Firmin Didot. Ce bel ouvrage paraît par livraison, composé d'un volume et d'un cahier de planches (2 sont en vente). Prix de chaque livraison, papier satiné. 7 f. p. 9 f.

— Grand papier vélin d'Annonay satiné, tiré à 50 exemplaires, figures avant et avec la lettre. 16 f. p. 20 f.

Mémoires des Contemporains. — Ont paru les suivans :

MÉMOIRES DU GÉNÉRAL RAPP, 1 vol. in-8. portrait. 6 f. p. 7 f.

MÉMOIRES DE FAIN, 1 vol. in-8, 6 f. p. 7 f.

MÉMOIRES DE GOHIER, 2 vol. in-8. 12 f. p. 14 f.

MÉMOIRES DU DUC DE CHOISEUL, 1 vol. in-8. 6 f. p. 7 f.

MÉMOIRES DES CONTEMPORAINS (histoire étrangère). Mémoires du colonel Voutier sur la guerre actuelle des Grecs. 1 vol. in-8. 6 f. p. 7 f.

* MÉMOIRES POUR SERVIR A L'HISTOIRE DE FRANCE SOUS NAPOLÉON, écrits à Saint-Hélène sous sa dictée, et publiés par le comte de *Montholon* et le général *Gourgaud*, sur les manuscrits autographes corrigés de la main de Napoléon.

> Les trois premières livraisons formant six volumes in-8., ornés de *fac simile*, cartes et plans, sont en vente.
> Prix des six volumes : papier fin. 39 f. p. 45 f.
> — Papier vélin. 78 f. p. 90 f.
> La quatrième livraison contenant le second volume des campagnes d'Italie et l'année 1798, paraîtra fin juin.
> La cinquième et dernière livraison, contenant les années 1799, 1800 et 1801, paraîtra dans le courant d'octobre.

OEUVRES DE A. V. ARNAULT, de l'ancien Institut de France, etc.; nouvelle et belle édition, corrigée et augmentée. 8 vol. in-8. prix du vol. 6 f. p. 7 f.

> Deux volumes sont en vente. La première paraîtra en avril prochain.

OEUVRES DE CABANIS, membre du Sénat et de l'Institut, etc., accompagnées d'une notice sur sa vie et sur ses ouvrages, par *Thurot*. 5 vol. in-8. portrait. Prix du vol. 6 f. p. 7 f.

> Deux volumes sont en vente.

OEUVRES COMPLÈTES DE MIRABEAU, 8 vol. in-8., ornés d'un *fac simile*, imprimés sur beau papier superfin des Vosges, satiné. Prix de chaque volume. 6 f. p. 7 f.

> L'ouvrage paraît par livraison de deux volumes. La première sera publiée en avril prochain.

OEUVRES COMPLÈTES DE PLATON, traduites du grec en français; par *Cousin*. (Cet ouvrage aura 9 vol.) 3 vol. ont paru. Prix de chaque volume. 7 f. 50 c. p. 9 f.

RÉPERTOIRE DE LA LITTÉRATURE ANCIENNE ET MODERNE, contenant, 1° le Lycée de La Harpe, les Élémens de Littérature de Marmontel, un *Choix d'articles littéraires* de Rollin, Voltaire, Batteux, etc.; 2° des Notices biographiques sur les principaux auteurs anciens et modernes, avec des jugemens par nos meilleurs critiques, tels que, d'Alembert, Batteux, Bernardin de Saint-Pierre, Blair, Boileau, Chénier, Delille, Diderot, Fénélon, Fontanes, Ginguené, La Bruyère, La Fontaine, Marmontel, Maury, Montaigne, Montesquieu, Palissot, Rollin, J. B Rousseau, J. J. Rousseau, Thomas, Vauvenargues, Voltaire, etc.; et MM. Amar, Andrieux, Auger, Burnouf, Buttura, Châteaubriand, Dussault, Duviquet, Le Clerc, Lemercier, Patin, Villemain, etc.; 3° des morceaux choisis avec des notes. Cet ouvrage, composé de 30 vol. in-8., imprimés en caractère cicéro neuf de *Firmin Didot*, paraît par livraisons de 2 vol. et 2 cahiers de portraits. Le prix de chaque volume sur papier fin des Vosges, est de 5 f. 50 c. p. 6 f. 50 c.
— Et sur papier surperfin vélin d'Annonay, de 7 f. 50 c. p. 8 f. 50 f.
Le prix de chaque cahier sur papier vélin in-8. est de 2 f. p. 2 f. 50 c.

Huit volumes sont en vente.

ART (l') DE LEVER LES PLANS ET NOUVEAU TRAITÉ DE L'ARPENTAGE ET DU NIVELLEMENT, suivi d'un traité du lavis; seconde édition, revue et augmentée d'un traité de stéréométrie. 1 vol. in-12. fig. 1824. 3 f. p. 4 f.

CAMBISTE (le) UNIVERSEL, ou Traité complet des Changes, Banques, Monnaies, Poids, Mesures et Réglemens du commerce de toutes les Nations. 2 vol. in-4. *Paris*, 1823. 36 f. p. 42 f.

COMMENTAIRES SUR LES LOIS ANGLAISES, par *Blackstone*; avec des notes, par *Christian*; traduits de l'anglais sur la quinzième édition, par *Chompré*. 6 vol. in 8. *Paris*, 1823. 42 f. p. 48 f.

COURS D'ÉCONOMIE POLITIQUE, ou Exposition des principes qui déterminent la prospérité des Nations, ouvrage qui a servi à l'instruction de leurs altesses impériales les grands-ducs Nicolas et Michel; par *Henri Storch*, conseiller d'état et chevalier de l'ordre de Sainte-Anne, instituteur de leurs Altesses Impériales; nouv. édit., augmentée de notes, par *J. B. Say*. 5 vol. in-8. 30 f. p. 35 f.

ÉDUCATION (de l'), par madame *Campan*; avec une Introduction par *Barrière*. Nouv. édit., augmentée de Lettres et de morceaux inédits. 3 vol. in-12. fig. *Paris*, 1824. 11 f. p. 14 f.

ERREURS (des) ET DES PRÉJUGÉS RÉPANDUS DANS LES DIVERSES CLASSES DE LA SOCIÉTÉ, par *Salgues*, troisième édition. 3 vol. in-8. *Paris*, 1818. 15 f. p. 18 f

HISTOIRE IMPARTIALE DES RÉVOLUTIONS DE FRANCE DEPUIS LA MORT DE LOUIS XV; les causes qui ont dirigé tous les partis et tous les chefs de factions, conspirations, insurrections, etc., avec des anecdotes secrètes sur la Cour, le Clergé, la Noblesse, les Parlemens, et sur les hommes devenus célèbres par leurs vertus, leurs talens, leurs erreurs ou leurs crimes, sous les Gouvernemens qui se sont succédé jusqu'en 1818 avec des tableaux, par *Prudhomme* père. 12 gros vol. in-12. imprimés sur papier fin, avec une table des matières à chaque volume. *Paris*, 1824. 40 f. p. 48 f.

JEUX A FIGURES, JOLIMENT COLORIÉS,
RENFERMES DANS DES BOITES ÉLÉGAMMENT DORÉES.

TABLETTES CHRONOLOGIQUES de l'Histoire, de la Géographie, des Sciences et des Arts, depuis la création du monde jusqu'à l'époque actuelle; suivies des tableaux de la population des quatre parties du monde, et de leurs villes principales, du système du monde, des plus grandes élévations du globe, des vitesses, des nombres curieux, et des espérances des années à vivre. L'utilité de ces Tablettes est reconnue depuis long-temps; elles renferment tout ce qu'on doit savoir d'Histoire et de Géographie. A ces connaissances importantes, on en a joint d'autres fort curieuses. Enfin, la disposition nouvelle adoptée est infiniment plus commode que celles des autres ouvrages de même nature.   4 f. p. 5 f.

JEU DES MOSAIQUES HUMAINES. Vingt figures fort grandes représentant des portraits: ces portraits se découpent de manière que tous les nez, yeux, bouches, mentons, fronts, etc., sont placés dans différentes cases, et qu'on peut. sans savoir nullement dessiner, faire des portraits. Tous ces différens traits se rapportent parfaitement, et offrent une variété telle, qu'on y peut trouver la ressemblance de toutes ses connaissances.   8 f. p. 10 f.

JEU DE LA PANTOMIME. Une boîte contenant douze cartes et une caisse. Sur les cartes sont de jolies figures coloriées : une instruction indique la manière de jouer ce jeu ; il est fort amusant.   4 f. p. 5 f.

LES DROLES DE CORPS ET LES DROLES D'ESPRITS. Une boîte riche contenant 36 figures plaisantes et très bien coloriées. Les figures sont coupées en trois parties; chaque partie contient une phrase d'interrogation ou réponse; en sorte qu'on peut former soi-même une grande quantité de figures comiques et de quiproquos fort gais.   4 f. p. 5 f.

HUIT MILLE MÉTAMORPHOSES, ou Moyen de faire en ce monde toutes sortes de figures, composées et dessinées par les premiers artistes de Paris; 2 boîtes contenant, l'une 20 fig. de femmes.   4 f. p. 5 f.
l'autre 20 figures d'hommes.   4 f. p. 5 f.
Ces 40 figures sont coupées en trois parties, qui toutes se rapportent, en sorte qu'avec un seul jeu on peut faire 8000 caricatures très grotesques, et qu'avec les deux on en fait 64,000.

ALBUM COMIQUE DE PATHOLOGIE PITTORESQUE. Recueil de 20 caricatures médicales, dessinées par Aubry, Chazal, Collin, Bellangé et Pigal. 1 vol. in-4. cart., figures coloriées.   20 f. p. 25 f.

LE PETIT CROUTON. Jeu de peintures. Un joli portefeuille renfermant 20 gravures coloriées de sujets militaires, fleurs et paysages, avec 20 gravures pareilles pour imiter le coloriage. Une boîte contenant tout ce qui est nécessaire pour colorier est renfermée dans le portefeuille.   8 f. p. 10 f.

LETTRES DE MADAME DE SÉVIGNÉ, de sa Famille et de ses Amis, avec des notes et notices de *MM. de Montmerqué* et *de Saint-Surin*, 10 vol. in-8. papier fin, ornés de 8 portraits, 13 vues et 10 *fac simile*. Belle édition imprimée par *Didot l'ainé*. *Paris*, 1818.   72 f. p 90 f.

COLLECTION DE VINGT PORTRAITS DU SIÈCLE DE LOUIS XIV, que l'on peut joindre aux Lettres de mad. de Sévigné. Chacun de ces portraits est accompagné d'une Notice historique. 1 volume in-8.   15 f. p. 20 f.

MANUEL DES MAIRES, de leurs Adjoints, et des Commissaires de police, etc.; avec les formules des actes; par M. *Dumont*. Huitième édition. 2 gros vol. in-8. *Paris*, 1825.   11 f p 13 f.

MANUEL DES JUSTICES DE PAIX, ou Traité des fonctions et des attributions des Juges de Paix, des Greffiers et Huissiers attachés à leur tribunal; avec les formules et modèles de tous les actes, etc.; par M. *Levasseur*. Quatrième édition. 1 vol. in-8. *Paris*, 1822.   6 f. p. 7 f.

MÉMOIRES SUR LA VIE PRIVÉE DE MARIE-ANTOINETTE, REINE DE FRANCE ET DE NAVARRE, suivie de Souvenirs et Anecdotes historiques sur les Règnes de Louis XIV, de Louis XV et de Louis XVI; par madame *Campan*, lectrice de Mesdames, et première femme de chambre de la Reine. 4 vol in-12. fig. *Paris*, 1823.   10 f. p. 12 f.

OEUVRES COMPLÈTES DE CHAMFORT, avec une notice sur la vie et les écrits de l'auteur, par *Auguis*, belle édition. 4 vol. in-8 *Paris*, 1824.   20 f. p. 24 f.

OEUVRES DE POTHIER, nouvelle édition, publiée par *Siffrein*. 19 vol. in-8. portrait.   86 f. p. 100 f.

OEUVRES COMPLÈTES DE VOLTAIRE. 65 vol. in-8., édition d'*Esnaux*. *Paris*, 1823.   150 f. p. 195 f.

POÈTES (les) FRANÇAIS DEPUIS LE DOUZIÈME SIÈCLE JUSQU'A MALHERBE, avec une notice historique et littéraire sur chaque Poète. 6 vol. in-8. *Paris*, *Crapelet*, 1824.   42 f p. 48 f.

SUPPLÉMENT à la seconde édition des Questions de Droit en 5 vol. in-4., formant le tome 6 de cette édition. 1 vol. in-4. 1821.   17 f. p. 20 f.

VOYAGE EN ÉGYPTE ET EN SYRIE, suivi de considérations sur la guerre des Russes et des Turcs. Cinquième édition. 2 vol. in-8. fig. cartes, etc. *Paris*, 1822.   12 f. p. 15 f.
— Le même. 3 vol. in-18. ornés d'un portrait, de plusieurs cartes et d'une vue des pyramides de Djizé, *fac simile* d'une planche corrigée et couverte de notes manuscrites de Napoléon. *Paris*, 1823.   8 f. p. 10 f.
— Le même. Papier vélin.   16 f. p. 20 f.

VOYAGE D'UN JEUNE GREC A PARIS, par *Hippolyte Mazier du Haume*. 2 vol. in-8. *Paris*, 1824.   8 f. p. 10 f.

DON ALONZO, ou L'ESPAGNE, histoire contemporaine, par *N. A. de Salvandi*, troisième édition. 5 vol. in-12. *Paris*, 1824.   12 f. p. 16 f.

EXALTÉ, ou HISTOIRE DE GABRIEL DESODRY, sous l'ancien régime, pendant la révolution et sous l'empire, par *L. B. Picard*, de l'Académie Française, troisième édition. 4 vol. in-12. fig. 1824.   9 f. p. 12 f.

GILBLAS (le) DE LA RÉVOLUTION, ou les Confessions de Laurent Giffard, par *Picard* de l'Académie Française. 5 vol. in-12. fig. 1824.   12 f. p. 16 f.

ISLAOR, ou le Barde chrétien, nouvelle Gauloise, par *N. A. Salvandy*. 1 vol. in-12. 1824.   3 f. p. 3 f. 50 c.

TROUBADOUR (le) EN DEMENCE, ou les Folies amoureuses, romanesques et merveilleuses de Gaspard Langoroso, orphelin de la Michaille, par *Hugues Milhot*. 4 gros vol. in-12. fig. 1824.   9 f. p 12 f.

ARTICLES RENTRÉS PENDANT L'IMPRESSION,

CHATEAU (le) DE BLACKWOOD. ou la Vertu à l'épreuve, par *Levisse.* 2 vol. in-12. fig 1825.   5 f.

ENFANT (l') DES TOURS NOTRE-DAME, ou ma vie de Garçon, par *Fléché.* 3 vol. in-12. figures. 1825.   9 f.

JULIETTE, ou les Malheurs d'une vie coupable, par *Nougaret.* 3 vol in-12. 1820.   7 f. 50 c.

VICISSITUDES (les), ou Eugène et Aurélie, par *Fléché.* 2 vol. in-12. fig. 1825.   6 f.

DIVISION DU CATALOGUE.

PRIX DES RELIURES.

In-4.

Basane	2 f. 50 c.	
Basane fil	3	
Veau fil	4	50
Veau d. s. t.	6	

In-12.

Basane		75 c.
Basane fil		90
Basane d. s. t. fil	1 f.	50
Veau d. s. t.	2	50
Mouton maroq.	4	
Maroquin	4	50

In-24.

Basane		45 c.
Basane fil		55
Veau d. s. t.	1 f.	25
Mouton maroq.	2	
Maroquin	2	50
Gros in-24. basane		50

In-8.

Basane	1 f.	25 c.
Basane fil	1	50
Veau fil	2	50
Veau d. s. t.	3	50

In-18.

Basane		60 c.
Basane fil		75
Basane d. s. t. fil	1 f.	20
Veau d. s. t.	1	60
Mouton maroq.	2	50
Maroquin	3	

In-32.

Basane		40 c.
Veau d. s. t.	1 f.	10
Mouton maroq.	1	60
Maroquin	2	

NOTA. Les prix des Reliures en Veau, Mouton maroquiné et Maroquin varient suivant leur élégance.

DE L'IMPRIMERIE DE CRAPELET,
rue de Vaugirard, n° 9.